DUDEN

François Conrad

Warum Deutsch bellt und Französisch schnurrt

Eine klangvolle Reise durch die Sprachen Europas

Mit Illustrationen von Johanna Baumann

Dudenverlag
Berlin

Inhalt

Warum

*klingt das Deutsche
so hart?*

Horst liebt diese Abende. Er sitzt inmitten seines internationalen Freundeskreises in einem Berliner Biergarten und lauscht den vielfältigen Akzenten und Sprachmelodien um sich herum. Ein schöner Vorgeschmack auf seine anstehende Europareise, bei der er in die unterschiedlichsten Klangwelten eintauchen kann.

Dann macht ein Smartphone die Runde. Das Display zeigt folgendes Bild:

Wie Deutsche sich selber hören

Wie Nicht-Deutsche Deutsche hören

Warum klingt das Deutsche so hart?

Die Gruppe bricht in schallendes Gelächter aus. Nur Horst ist nicht zum Lachen zumute. Hatte er nicht eben noch in der klanglichen Schönheit der Sprachen geschwelgt? Jetzt machen sich ausgerechnet seine Freunde über seine Muttersprache lustig.

»Wenn Deutsch ein Tier wäre, welches wäre es?«, fragt Marlène gespannt. Die Gruppe ist sich schnell einig: ein Hund. Ein Schäferhund! Deutsch klingt laut und aggressiv – es bellt.

»Wisst ihr, was der irische Comedian Dylan Moran über das Deutsche sagt?«, setzt Kiran kichernd noch einen drauf. »Deutsch klingt wie eine Schreibmaschine, die Alufolie frisst und die Kellertreppe hinuntergetreten wird. Passt doch genau!« Die anderen stimmen immer noch laut lachend zu.

Horst hat genug gehört. Stumm trinkt er aus und fragt bald darauf in die Runde, die sich weiter über die deutsche Aussprache amüsiert: »Sagt mal, wollen wir zahlen? Ich bin ganz schön platt und möchte gern so langsam nach Hause«. Er kennt die meisten dieser Sprüche. Sie funktionieren immer, alle müssen lachen. Außer er selbst. Horst hat es aber auch wirklich nicht leicht. Nicht nur, dass er der einzige Deutsche in diesem Freundeskreis ist. Sein für sein junges Alter ungewöhnlicher Vorname wird ebenfalls immer wieder Ziel von Spott. Seine Freunde haben natürlich längst mitbekommen, dass ein »Horst« im Volksmund ein »Tölpel« oder ein »Blödmann« ist. Außerdem können viele von ihnen seinen Namen nur schwer aussprechen – was blöderweise irgendwie zu dem Bild auf dem Display seines Freundes passt ...

Eine Sprache mit einem bellenden Hund zu vergleichen, ist nicht gerade charmant. Aber es ist offenbar so: Zwischen all den Sprachen der Welt scheint Deutsch ein wenig schmeichelhaftes Etikett zu besitzen. Nur: Warum wird gerade die deutsche Aussprache so häufig ins Lächerliche gezogen? Klingt das Deutsche denn wirklich so hart im Vergleich zu anderen Sprachen?

Kurz darauf verabschieden sich alle voneinander, die Gruppe löst sich auf. Horst ist die etwas gedrückte Stimmung beim Abschied aufgefallen. Sicher haben seine Freunde bemerkt, dass er am Ende eher ruhig gewesen ist und sich kaum noch am Gespräch beteiligt hat. Vielleicht

Warum klingt das Deutsche so hart?

tut es ihnen sogar leid, dass sie sich über seine Muttersprache und damit irgendwie auch ein bisschen über ihn lustig gemacht haben. Horst hat darum extra breit und lange gelächelt und allen ganz unbeschwert noch einen schönen Abend gewünscht.

Jetzt schlendert er mit seinem Terriermischling Strumpf nachdenklich nach Hause. Da fällt ihm sein Freund Konrad ein. Der ist Sprachwissenschaftler und lehrt an der Universität Hannover. Hat er beim letzten Treffen nicht erzählt, dass er gerade die deutsche Aussprache erforscht? Was für ein Zufall! Vielleicht kann er ja helfen …

Horst setzt sich zu Hause gleich an sein Laptop und schreibt.

Absender: Horst
Empfänger: Konrad
Betreff: Warum klingt das Deutsche eigentlich so hart?

Lieber Konrad,

heute Abend wurde sich in geselliger Runde mal wieder über das Deutsche lustig gemacht.

Du beschäftigst dich doch gerade intensiv mit der deutschen Aussprache, oder?

Klingt das Deutsche in fremden Ohren wirklich so hart? Und wenn ja: Warum ist das so?

Ich starte morgen auf meine Europareise und könnte einen kurzen Abstecher nach Hannover machen. Hast du Zeit?

Liebe Grüße aus Berlin
Horst

Bereits am Nachmittag kommt die Antwort.

Absender: Konrad
Empfänger: Horst
Betreff: Re: Warum klingt das Deutsche
eigentlich so hart?

Lieber Horst,

spannend, dass du ausgerechnet jetzt schreibst, weil
ich mich tatsächlich in den letzten Wochen genau mit
diesen Fragen auseinandergesetzt habe!

Einen Kaffee morgen Nachmittag richte ich gern ein.
Dann erzähle ich dir meine Gedanken dazu, vielleicht
kannst du sie auf deiner Reise gut gebrauchen.

Viele Grüße
Konrad

Horst hat kürzlich gelesen, in Hannover werde das beste Hochdeutsch gesprochen. Mehrere Firmen, Schauspieler und Sprachschulen aus der Stadt werben damit. Im Hauptbahnhof von Hannover hat er tatsächlich den Eindruck, die Menschen sprächen, als hätten sie einen Duden im Kopf.

»Stimmt es eigentlich, dass die Leute hier das beste Hochdeutsch sprechen?«, fragt Horst seinen Freund, nachdem sie sich begrüßt und es sich in einem Café bequem gemacht haben. Konrad lacht und antwortet:

»Sicher ist auf jeden Fall, dass im Raum Hannover, aber auch in Norddeutschland generell, weniger Dialekt gesprochen wird als in Mittel- und Süddeutschland. Mit ein

Warum klingt das Deutsche so hart?

bisschen gespitzten Ohren kann man jedoch hören, dass auch Menschen aus Hannover gelegentlich den ›Zuch‹ mit CH nehmen und nicht den hochdeutschen ›Zug‹ mit K. Und wie in großen Teilen Norddeutschlands wird hier ›Keese‹ gegessen und kein hochdeutscher ›Käse‹. ›Reines‹ Hochdeutsch wird mit großer Wahrscheinlichkeit nirgendwo gesprochen.«

So einfach scheint das also nicht zu sein, Dialekte und Akzente, überhaupt die Sprache in Schubladen zu stecken oder mit bestimmten Prädikaten zu versehen, denkt Horst. Dann zeigt er Konrad auf seinem Handy das Bild vom gestrigen Abend.

»Natürlich ist das Klischee hier stark übertrieben«, sagt Konrad. »Überall auf der Welt klingen Menschen weniger charmant und liebenswert, wenn sie schreien, das ist auch in Deutschland so. Aber dass wir Deutschen nun immerzu herumbrüllen würden, stimmt natürlich nicht. Trotzdem steckt in den Vorurteilen womöglich mehr Wahrheit, als wir denken und es vielleicht wahrhaben wollen. Das scheint mir zumindest meine aktuelle Umfrage zu bestätigen. Ich befrage dazu Menschen auf der ganzen Welt, wie das Deutsche für sie klingt.«

Konrad schiebt Horst ein Blatt Papier über den Tisch. »Schau mal hier, das ist eine Übersicht der ersten Ergebnisse. In der Wolke sind die Antworten versammelt, die am häufigsten vorkommen. Je größer das Wort, desto häufiger die Antwort.«

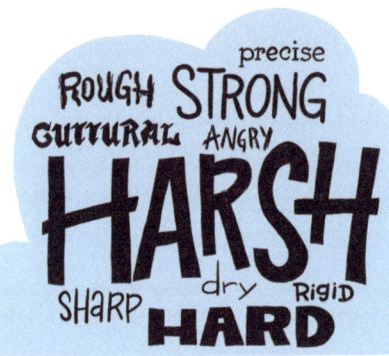

»Also, ›harsch‹, ›stark‹, ›hart‹, ›rau‹, ›scharf‹ und ›kehlig‹ klingt für mich alles wenig schmeichelhaft«, sagt Horst und zieht die Augenbrauen zusammen.

»Stimmt genau«, pflichtet ihm Konrad bei und fährt fort: »Die meisten Befragten, darunter auch viele Sprachexpertinnen und -experten, nennen mindestens eine Eigenschaft in dieser Richtung. Egal, ob die Person aus Australien, Asien, Amerika oder Europa kommt. Das hat mich auch erstaunt. Dem Deutschen haftet also offensichtlich weltweit das Merkmal an, in irgendeiner Form hart zu klingen.«

»Hast du auch gefragt, warum die Menschen das so sehen?«

»Das war natürlich die nächste Frage, die mir auf den Nägeln brannte. Oft scheint dieses Bild von der deutschen Sprache und den Deutschen an sich ganz eng mit der Geschichte verbunden zu sein. Und diese führt uns leider unweigerlich ins Dritte Reich zurück. Die Assoziation

Warum klingt das Deutsche so hart?

›Deutsche Sprache = Naziregime‹ ist das Deutsche offenbar noch lange nicht los.«

»Aber unsere Generation hat mit der Vergangenheit gar nichts mehr zu tun. Das ist doch ungerecht!«, wirft Horst ein.

»Im Grunde schon«, stimmt Konrad ihm zu, »aber manche historischen Ereignisse wirken eben noch lange nach. Viele der Befragten können ihr Gefühl bei der deutschen Sprache übrigens am besten in einem Bild ausdrücken.«

»So wie der irische Comedian mit seiner Schreibmaschine, die Alufolie frisst?«, fällt Horst wieder ein.

»Genau. Eine von mir befragte Person schreibt zum Beispiel, Deutsch klinge wie ein Hammer, der auf einen Felsen schlägt.«

»Und was ist deine persönliche Meinung?«, fragt Horst gespannt weiter.

»Ich sehe das als Wissenschaftler etwas differenzierter. Viel hängt beispielsweise davon ab, wie gut man selbst Deutsch spricht und ob man Menschen persönlich kennt, die Deutsch sprechen. Das ist in Europa sicherlich häufiger der Fall als anderswo. Da reichen die Kenntnisse von einer anderen Sprache und denen, die sie sprechen, dann manchmal nicht über Stereotype hinaus. Es ist recht einfach: Was wir nicht kennen, bewerten wir anders und oft negativer als das Bekannte, Vertraute.«

»Also steckt dahinter gar keine böse Absicht?«, fragt Horst erleichtert.

»Genau, häufig nicht. Meiner Meinung nach sind zwei Elemente besonders wichtig, was die Einschätzung und die Empfindung des Deutschen anbelangen: Die deutsche Vergangenheit ist tatsächlich das eine. Nicht umsonst spielen die Deutschen in unzähligen Filmen die Bösewichte, nicht selten mit Bezug zum Zweiten Weltkrieg. Das Zweite ist, wie die deutsche Sprache aufgebaut ist. Es gibt bestimmte Elemente, die das Deutsche im Vergleich zu anderen Sprachen *tatsächlich* härter klingen lassen. Das ist alles wirklich höchst spannend und aufschlussreich. Hast du nicht geschrieben, dass du auf Europareise gehst?«

Horst nickt und zieht fragend eine Augenbraue nach oben.

»Ich könnte dir jetzt einen Vortrag halten und alle möglichen sprachwissenschaftlichen Gründe nennen, warum das Deutsche klingt, wie es klingt. Wir lernen aber bekanntermaßen viel besser aus eigener Erfahrung. Frag doch mal deine Freunde in Italien, Spanien, Frankreich, Großbritannien und Luxemburg, wie sie die Sache sehen. Nutze deine Europatour für eine klangliche Entdeckungsreise! Schreib mir zwischendurch gerne deine Eindrücke. Dann kann ich dich bei deiner Forschungsreise mit Informationen füttern.«

Horst findet die Idee großartig und ist Konrad dankbar für das Know-how im Hintergrund. Die Frage, warum Deutsch bellen soll, lässt ihn ohnehin nicht mehr los ...

Noch im Zug nach Rom erhält er eine erste E-Mail.

Warum klingt das Deutsche so hart?

Absender: Konrad
Empfänger: Horst
Betreff: Wie menschliche Laute entstehen

Lieber Horst,

vor deiner ersten Etappe möchte ich dir noch ein paar Hinweise geben. Achte bei deinen Recherchen vor allem auf das, was du hörst, weniger auf den Inhalt. Natürlich werden Sprachen auch in Bezug auf das bewertet, was damit ausgedrückt wird. Als Sprache der »Dichter und Denker« gilt Deutsch allgemein zum Beispiel als zwar komplizierte, dafür aber auch sehr präzise und klare Sprache. Und auch die langen »Bandwurmwörter« wie der berühmte »Donaudampfschifffahrtsgesellschaftskapitän« oder das »Rindfleischetikettierungsüberwachungsaufgabenübertragungsgesetz« tragen zur Wahrnehmung des Deutschen als komplex und schwer zu lernen bei.

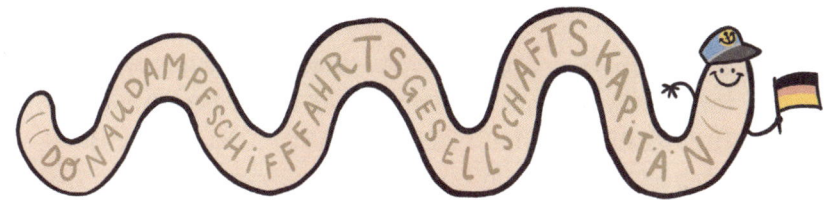

Das ist für unsere Fragestellung aber nicht das Entscheidende. Versuche vor allem, genau hinzuhören, wie andere Sprachen *klingen*. Lass mich dir daher kurz erklären, wie wir Menschen beim Sprechen überhaupt Laute bilden.

Die allermeisten Laute auf der Welt werden mit Luft aus unseren Lungen gebildet. Das merken wir daran, dass wir beim Sprechen zwischendurch immer wieder Luft holen müssen. Ausnahmen sind etwa die Klick- oder Schnalzlaute, wie das Kussgeräusch, die wir zum Beispiel in den Khoisansprachen in Botswana, Namibia und Südafrika hören, etwa in der Sprache Taa, die auch den schönen Namen *!Xóõ* trägt. In den europäischen Sprachen werden jedoch praktisch alle Laute mit Ausatemluft erzeugt.

Diese Luft strömt also aus der Lunge durch unseren Kehlkopf, der sich bei Männern als Adamsapfel zeigt. Das ist ein Gebilde aus Knorpeln, in dem sich unsere Stimmbänder befinden. Bei unseren entfernten Vorfahren hatte der Kehlkopf, der noch viel höher im Hals saß, zunächst nur die Funktion, zu verhindern, dass Speisen in die Lunge dringen. Im Laufe der Zeit hat sich daraus jedoch ein wichtiges Instrument auch zur Lautgebung entwickelt.

Die Stimmbänder kannst du dir wie Gitarrensaiten vorstellen. Durch kleine, muskuläre Bewegungen können sie beim Sprechen in Schwingung versetzt werden: Ein Ton entsteht.

Du kannst das leicht fühlen: Halte mal zwei Finger an deinen Adamsapfel und sprich das »Bienen-S«, indem du wie eine Biene summst. Du kannst zum Beispiel das S im Wort »summen« oder in »Esel« einfach ganz langziehen. Du spürst jetzt eine Vibration unter deinen Fingern: Deine Stimmbänder schwingen. Solche Laute werden entsprechend als stimm*haft* bezeichnet. Sie werden also mit Stimme gesprochen.

Das Gegenstück sind stimm*lose* Laute. Bei diesen schwingen die Stimmbänder nicht. Hierfür eignet sich gut das »Schlangen-S«: Lege die Finger erneut auf deinen Adamsapfel und zische wie eine Schlange, indem du ein S langziehst, wie in »essen« oder in »blass«.

stimm*lossss*

Hier spürst du keine Vibration unter deinen Fingern. Wenn du abwechselnd summst und zischst, merkst du den Unterschied ganz deutlich.

Schließlich gibt es die eigentliche Artikulation. Den Strom der ausgeatmeten Luft verändern wir im Rachen, in der Nase und vor allem im Mund, indem wir zum Beispiel die Zunge oder die Lippen bewegen. Je nachdem, *wie* wir diese bewegen, entstehen verschiedene Laute wie ein P, ein N, ein K oder ein A.

Es gibt eine sehr große Zahl an menschlichen Lauten. Doch jede Sprache verwendet nur einen kleinen Teil davon. Wir haben im Deutschen etwa den »Ichlaut«, der in vielen anderen Sprachen nicht existiert. Das Englische hat das TH wie in *that*, das es wiederum im Deutschen nicht gibt.

Achte bei deiner Reise zunächst besonders darauf, welche Laute in den verschiedenen Sprachen vorkommen. Sammle möglichst viele und vergleiche sie mit dem Deutschen: Haben wir diese Laute auch oder nur ähnliche?

Ich verspreche dir: Du wirst erstaunt sein, was sich da auftut!

Warum klingt das Deutsche so hart?

Ich bin gespannt darauf, was du bei deiner lautlichen Entdeckungstour alles herausfindest.

Gute Reise!
Konrad

vino

merlo

fantastico

Rom

*Von singenden
Lautsystemen und
kratzenden
Reibegeräuschen*

»**O**rsti! Struump! Willkommen in Rom!«

Claras Opernsopran füllt die Piazza di Spagna und lässt die Menschen an der Spanischen Treppe aufhorchen. Ihre weiche, volle Stimme und die Art, wie sie beim Sprechen mühelos die Wörter in harmonische Töne und kleine Arien verwandelt, hat Horst schon immer in den Bann gezogen. Kein Wunder, denkt er, dass die Italienerin sich zur Opernsängerin hat ausbilden lassen.

Überhaupt scheinen hier alle Menschen den ganzen Tag über zu singen: Die Straßenverkäuferin und der Straßenverkäufer, die ihre Ware feilbieten. Die Bedienung, wenn sie den *Caffè* serviert oder höflich um den Rechnungsbetrag bittet. Selbst eine Entschuldigung, wenn im Vorbeigehen jemand in den engen Gassen ungewollt an Horsts Schulter stößt, klingt wie Musik in seinen Ohren. Dazu an jeder Ecke Sängerinnen und Sänger, die für eine Münze um die Wette trällern. Italienisch ist Musik, stellt Horst fest.

So sehr er die gesungene Aussprache seines Namens liebt, versteht er jedoch bis heute nicht, warum Clara ihn nicht korrekt aussprechen kann. Wo ist das H geblieben? Wieso bereitet ihr das SCH, das man am Anfang von »Strumpf« spricht, solche Schwierigkeiten und warum spricht sie stattdessen ein Schlangen-S?

»Mein Spitzname an der Oper ist *il merlo*, die Amsel, weil meine Stimme so weich und rund klingt«, erzählt Clara ihm gerade, als sie auf der Piazza bei einem Espresso zusammensitzen. »Das ist natürlich sehr ehrenvoll für mich. Ich bin aber der Meinung, dass das Italienische insgesamt ungemein weich und melodisch klingt.«

»Wenn *ich* Italienisch höre, fühle ich mich immer wie in einem Konzertsaal oder, ja, meinetwegen in einem Wald im Frühling«, stimmt Horst ihr zu. »Aber sag mal, wie fühlst du dich, wenn du Deutsch hörst?«

»Wenn Italienisch die Arie in der Oper ist, dann ist Deutsch das Husten der alten Damen und Herren im Publikum«, lacht Clara. Autsch!

»Husten? Aber was ist mit Wagner? Oder ›Freude, schöner Götterfunken‹? Das ist doch kein Husten, sondern lässt sich wunderbar singen.«

»Natürlich kann ich auch Wagner oder Beethoven singen. Aber ich bekomme davon schnell Halsschmerzen.«
»Halsschmerzen bei Beethoven? Übertreibung macht anschaulich, oder? Das meinst du doch nicht wörtlich.«

»Schau, *amore mio*«, Clara legt versöhnlich ihre Hand auf Horsts Schulter. »Wir haben im Italienischen nur fünf Konsonanten, die mit Reibung erzeugt werden. So wie das Schlangen-S in *Siena* oder das Bienen-S wie in *rosa*. Dann gibt es noch das F und das V, wie in *fantastico* oder *vino*. Und das SCH wie der warme Wüstenwind *Scirocco*. Für euch Deutsche ist das kein Problem. Ihr habt dieselben Laute auch: ›E**ss**en‹ und ›R**o**se‹, ›**f**antastisch‹ beginnt mit F und ›**W**ein‹ mit einem W, das wie das italienische V in *vino* gesprochen wird. Und *Scirocco* spricht sich genau so leicht wie ›**Sch**okolade‹, auch wenn es anders geschrieben wird. Hier sind das Deutsche und das Italienische also gleich.

Dem Italienischen reichen diese fünf Reibelaute. Im Deutschen gibt es aber noch so viele mehr! Denk mal an den Ichlaut wie in ›lieblich‹. Meine Gesanglehrerin sagt, ich muss dazu den Rücken der Zunge an den weichen Gaumen drücken – an den hinteren, oberen Teil vom Mund kurz vorm Rachen. Das sagt sich so leicht! Ihr Deutschen macht das den ganzen Tag ganz automatisch, für mich ist das richtig anstrengend. Und dann erst der Achlaut, wie in ›lachen‹. Versuch den mal zu singen, ohne dass der Rachen rot wird. Für eine Opernsängerin ist das die reine Folter. Der schlimmste Laut ist für mich aber das H wie in ›Hund‹. Ich muss fast würgen, wenn ich versuche, ein Wort mit H anzufangen, wirklich. Meistens lasse ich den Buchstaben dann einfach weg. Das ist doch für alle besser.«

Clara und Horst müssen kichern bei dem Gedanken daran, dass sie mitten in einer Vorstellung in ihrem Solopart zu würgen beginnt.

»Du meinst also, das Deutsche lässt sich so schwer singen, weil es viele Reibelaute hat?«, fragt Horst.

»Ihr selbst könnt das natürlich sehr gut«, lacht Clara und nickt, »aber für mich ist es sehr schwierig, eure Sprache zu singen. Und das ist noch nicht alles. Wir haben auch nur sieben Vokale: I, U, E, Ä, A, ein rundes O und ein weniger rundes O. Das ist einfach. Und im Deutschen?«

Sie lässt Horst kurz überlegen und antwortet dann selbst.

»Ihr habt noch Ü und Ö, dann noch ein schwaches E wie in ›Rose‹, das man fast gar nicht hört. Ihr sprecht überhaupt alle Vokale je nach Wort mal lang, mal kurz. Ich verliere da den Überblick. Mich wundert es, dass ihr euch nicht ständig versprecht oder eben versingt. Mir passiert das bei deutschen Musikstücken ständig. Im Italienischen ist es egal, ob die Vokale kurz oder lang gesprochen oder gesungen werden. Wir können sie so einsetzen, dass beim Singen besonders viel oder besonders wenig Gefühl über sie transportiert wird. Egal, ob es Liebe, Wut oder Trauer ist. Im Deutschen muss man hier viel präziser sein. Mir fehlt da die Magie, das Spiel, das Spontane ...«, Clara seufzt. Dann schüttelt sie sich kurz und sagt ganz motiviert:

»Du, ich hab in zehn Minuten eine Probe in der Oper. Komm doch mit rein und hör sie dir an! Heute gibt es Verdi und Puccini. Wenn du genau hinhörst, verstehst du bestimmt besser, was ich meine.«

Kurz darauf sitzen Horst und Strumpf in dem riesigen Publikumsraum und lauschen aufmerksam Claras Gesang. Es klingt wirklich wie eine Amsel in der Dämmerung. Horst hört tatsächlich ausschließlich die sieben genannten Vokale, je nach Szene mit unterschiedlichem Gefühl eingesetzt. Dazwischen erklingen immer mal wieder Konsonanten wie N, M oder P. Er entdeckt auch einige Reibelaute wie S oder F. Jedoch dominieren ganz klar die Vokale beim Singen. Und das soll im Deutschen so anders sein?

Am Abend nach der Probe teilt er Konrad seine klanglichen Eindrücke per E-Mail mit.

Tags darauf erhält er eine lange Antwort.

Absender: Konrad
Empfänger: Horst
Betreff: Re: Singt Italienisch wirklich besser?

Buongiorno Horst,

ich gratuliere: Du hast dich mit dem deutschen Lautsystem befasst. Das ist ein vortrefflicher erster Schritt, um die Härte des Deutschen zu erklären. Und mit Clara hast du auch die beste Wahl getroffen, um etwas über das Deutsche zu erfahren. Als Opernsängerin hat sie ein gutes Gehör und kann zudem besser als wir beschreiben, wie die einzelnen Sprachen sich beim Singen anfühlen.

Und Clara hat recht: Im Vergleich zum Italienischen besitzt das Deutsche sehr viel mehr Reibelaute. In der Sprachwissenschaft nennen wir sie auch »Frikative«, weil diese Laute Friktion, also Reibung, erzeugen: Die Luft wird durch eine Enge im Mund gepresst und gerät dabei in Turbulenzen. Das kannst du gut beim S oder F spüren. Akustisch gesehen sind diese Laute eigentlich gar keine Laute: Es sind Geräusche, daher kann man auch »Reibegeräusche« dazu sagen.

Stell dir vor, die Luft, die wir ausatmen, wäre Wasser, etwa ein Bach. Wenn wir Vokale sprechen, fließt unser Bach ganz ungehindert und stetig vor sich hin.

Das kannst du gut beim A oder bei anderen Vokalen wie I, E, O, U ausprobieren. Wenn du diese Laute sprichst, kann die Luft ohne Hindernis den Mund verlassen.

Was passiert aber, wenn wir einen großen Stein in den Bach legen? Das Wasser kann nicht mehr ungehindert fließen, sondern muss den Stein umgehen. Dabei entstehen Strudel. Je nachdem, wie groß der Stein ist und an welcher Stelle wir ihn im Bach platzieren, entstehen unterschiedliche Arten von Strudel.

Dieser Stein ist in Wirklichkeit unsere Zunge, wenn wir Reibegeräusche sprechen. Der Ausatemstrom (im Bild das Wasser) muss an unserer Zunge (dem Stein) vorbei und wird dabei in Strudel versetzt. Je nachdem, wo im Mund dieser Strudel entsteht, zum Beispiel hinter den Zähnen wie beim S oder am weichen Gaumen wie beim CH, klingen die Reibegeräusche anders. Auf jeden Fall wesentlich härter als Vokale oder andere Laute, bei denen die Luft ungehinderter fließen kann.

Übrigens besitzen verschiedene Sprachen unterschiedlich viele und unterschiedlich große Steine, die in den Bach gelegt werden können. Die meisten Sprachen der Welt haben in ihrem Lautsystem insgesamt bis zu vier solcher Steine. Italienisch liegt mit fünf also nur knapp über dem Durchschnitt. Das Deutsche hingegen besitzt insgesamt elf! Das ist im weltweiten Vergleich eine ganze Menge.

Ich hab dir unten mal eine Liste aller deutschen »Steine«, also aller Reibegeräusche erstellt, damit du schwarz auf weiß siehst, was ich meine. Wundere dich nicht: Die Symbole, die wir in der Sprachwissenschaft verwenden, sehen manchmal anders aus als die Buchstaben, die wir kennen. Am besten sprichst du die Wörter laut mit. Wenn du dabei die Hand nah an den Mund hältst, kannst du die unterschiedlichen Strudel sogar am Luftzug spüren.

[f] wie in **f**antastisch
[v] wie in **W**ein
[s] wie in e**ss**en

[z] wie in **summen**

[ʃ] wie in **Schokolade**

[ʒ] wie in **Journal**

[ç] wie in *ich*

[x] wie in *lachen*

[χ] wie in *doch*

[ʁ] wie in *krumm*

[h] wie in **H**und

Werden diese Reibegeräusche weiter hinten im Mund gebildet, wie der Achlaut, kann das tatsächlich für Nicht-Deutsche ziemlich anstrengend und fast schmerzhaft sein. Erinnere dich nur an meine Umfrage, wo Deutsch häufig als »kehlig« bezeichnet wurde. Es gibt im Deutschen außerdem viele Wörter, in denen gleich mehrere dieser Geräusche auftreten, also für Nicht-Muttersprachler regelrecht Stolpersteine gelegt werden wie in »**Str**umpf« oder »**H**or**st**«. Häufig werden diese sogar kombiniert wie in »du tau**chs**t«. Und wenn man in der eigenen Sprache nicht gewohnt ist, Reibegeräusche zu artikulieren, klingt das nun mal richtig hart. Davon abgesehen, dass sie vergleichsweise schwer auszusprechen sind.

Der bei uns so häufige Ichlaut kommt übrigens nur in etwa zehn Sprachen auf der Welt vor – zum Beispiel noch im Niederländischen, Griechischen und Norwe-

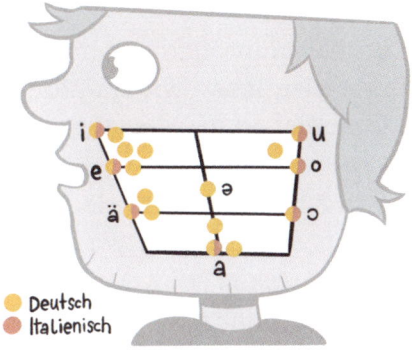

Deutsch
Italienisch

gischen – und ist besonders schwer zu artikulieren. Es braucht ganz schön viel Energie, um die Zunge an den weichen Teil des Gaumens zu drücken. Das braucht Training, Geduld und Ausdauer. Kein Wunder, dass viele Deutsch-Lernenden den Ichlaut häufig durch ein SCH ersetzen und dann etwa »I**sch** liebe di**sch**« sagen. Das ist einfach viel leichter auszusprechen.

Auch in der Menge der Vokale unterscheiden sich die Sprachen zum Teil immens. Italienisch braucht tatsächlich nur sieben Vokale und liegt damit im weltweiten Durchschnitt von fünf bis acht Vokalen pro Sprache. Das Deutsche besitzt jedoch ganze 17 und damit ein richtig komplexes Vokalsystem!

In einem deutschen Mund tummeln sich viel mehr Vokale als in einem italienischen. In der Sprachwissenschaft visualisieren wir das mit einem »Vokaltrapez«.

Das Faszinierende daran ist, dass sich damit genau darstellen lässt, wie die Zunge im Mund liegt, wenn die einzelnen Vokale gesprochen werden.

Beim I befindet sich die Zungenspitze zum Beispiel ganz oben und ganz vorne im Mund. Beim U ist der Zungenrücken ganz oben, aber auch ganz hinten. Und beim »Murmellaut« E wie in »Rose« (das Symbol hierfür ist [ə]) macht die Zunge praktisch gar nichts, nur der Mund ist dabei leicht geöffnet. Das erklärt vielleicht auch, warum wir im Deutschen beim Nachdenken »Eeeeeeeh« sagen: Die Zunge muss dabei gar nicht »arbeiten« und wir können alle Energie zum Denken nutzen ;). Italienerinnen und Italiener sagen übrigens stattdessen ääääääääh: Wie du im italienischen Vokaltrapez oben erkennst, gibt es den deutschen Murmellaut E dort nämlich gar nicht. Der italienische Vokal, der am wenigsten Energie benötigt, ist das Ä, also rutscht die Zunge ganz automatisch dahin.

Probier die verschiedenen Vokale mal aus.
Vielleicht spürst du, wie deine Zunge sich
dabei unterschiedlich bewegt. Mir hilft,
wenn ich einen Finger dabei leicht auf die Zunge
lege. Dann spüre ich die Unterschiede ganz deutlich.

Nun klingen Vokale zwar generell immer weicher als Konsonanten – und das ist auch im Deutschen so –, aber bei so vielen verschiedenen Arten, dazu noch mit den Unterschieden zwischen kurzen und langen Vokalen wie in »Miete« (lang) und »Mitte« (kurz), tun sich Menschen mit einer anderen Muttersprache häufig recht schwer, sie im Deutschen alle korrekt zu treffen und zu unterscheiden. Wie Clara richtig sagt, kennt Italienisch gar keinen Unterschied zwischen langen und kurzen Vokalen. Alle Vokale werden etwa mittellang ausgesprochen. Und im Vergleich klingen gerade die kurzen deutschen Vokale nun mal härter als die mittellangen italienischen.

Warum Clara deinen und Strumpfs Namen anders ausspricht, hast du sicherlich mittlerweile verstanden: Das H existiert im Italienischen schlicht nicht. Weil es auch keinen ähnlichen Laut gibt, den sie stattdessen verwenden könnte, lässt sie es einfach weg. Weil SCH am Anfang eines Wortes im Italienischen nicht mit einem anderen Konsonanten kombiniert werden kann, ersetzt Clara den Anfangslaut bei »Strumpf« durch ein normales S. Genauso wenig gibt es das PF im Italienischen, dafür benutzt Clara also nur das P. Hinzu kommen jetzt noch die mittellangen italienischen Vokale und so wird aus Strumpf > *Struump*.

Das Bemerkenswerteste ist: Das alles macht Clara gar nicht absichtlich. Sie versucht sicherlich ihr Bestes, um die deutschen Namen korrekt auszusprechen. Da eure Lautsysteme aber so unterschiedlich sind, formt ihr Mund ganz automatisch ein Wort, das dem Deutschen zwar möglichst nahekommt – aber sich eben doch nicht wirklich deutsch anhört.

Bei allem Verdruss: Man darf nicht vergessen, dass auch wir lange nicht alle italienischen Wörter charmant aussprechen. Ein Italiener weiß womöglich nicht sofort, dass *Tschelatto* ein feines italienisches *Djälahto* (*gelato* = Eis) sein soll. Ob man das Deutsche in seiner Aussprache dann als »Husten« empfindet und bezeichnen muss, steht noch mal auf einem anderen Blatt.

Aber tatsächlich eignet sich Italienisch in lautlicher Hinsicht besser für Opernarien als Deutsch: Es hat insgesamt weniger Laute, dafür zahlreiche mit viel Klangfülle. Diese lassen sich leichter singen als Reibegeräusche. Das bedeutet natürlich nicht, dass man nicht auch Wagner oder Beethoven genießen kann. Es klingt halt nur anders.

Damit hast du das komplexe deutsche Lautsystem als ersten Grund dafür identifiziert, dass Deutsch in vielen fremdsprachigen Ohren so hart klingt.

Deine nächste Etappe ist Madrid, richtig? Achte dort mal besonders darauf, wie die einzelnen Laute zusammenspielen. Ich sage dir gleich: Die Unterschiede zwischen Deutsch und Spanisch sind faszinierend!

Geräuschvolle Grüße
¡Buen viaje!
Konrad

Madrid

Von rollenden Hengsten und komplizierten Silben

Horsts Ohren brauchen einige Zeit, um sich an die veränderte Geräuschkulisse zu gewöhnen. Rom war ein harmonisches Miteinander verschiedenster Gesänge und Chöre. Die spanische Hauptstadt bietet sich akustisch hingegen wie ein chaotischer Jahrmarkt dar. Horst ist hoffnungslos bemüht, aus dem Stimmengewirr einzelne Personen, geschweige denn einzelne Wörter auszumachen.

Sein Freund Pedro, der ihn vom Bahnhof abgeholt hat, begleitet Horst und Strumpf in seine WG, in der schon Rosa, Esteban und die Austauschstudentin Laura aus Konstanz mit dem Abendessen auf sie warten.

»Das ist mein Freund Xoräs aus Berlin und sein Hund Estrum«, stellt Pedro die beiden vor.

Horst horcht auf: Schon wieder werden ihre Namen anders ausgesprochen. Diesmal klingt es sogar wie zwei ganz andere Wörter, findet er. Bevor er nachhaken kann, fragt Pedro schon neugierig in die Runde:

»Amigos, wenn Deutsch bellt und Italienisch singt, was macht dann Spanisch?« Er hat sich auf dem Weg nach Hause mit Horst über dessen »Forschungsreise« unterhalten und findet die sprachlichen Unterschiede wahnsinnig spannend.

»Ich habe mal gehört, Spanisch klinge wie Kastagnetten«, antwortet Rosa.

»Und ich stelle mir beim Spanischen einen tänzelnden Hengst vor, dessen Hufe rhythmisch auf den Asphalt schlagen«, ergänzt Laura.

»Dann haben wir es also: Spanisch ist ein klackernder Hengst, der Kastagnetten spielt«, schlussfolgert Esteban zufrieden und grinst.

»Und zwar so schnell, dass ich kein einziges Wort heraushören kann«, lacht Horst. Dann fügt er an seinen Freund gewandt hinzu: »Pedro, du nennst mich *Xorás* und sagst zu Strumpf *Estrum*. Sind unsere Namen für euch so schwer auszusprechen?«

Sofort entbrennt ein regelrechter Wettstreit am Tisch: Die drei spanischen Muttersprachler versuchen immer wieder, die Namen ihrer Gäste wie im Deutschen auszusprechen, schaffen es aber nicht. Bei »Horst« fällt es ihnen schwer, kein Ä einzufügen. Das H klingt bei allen wie das CH in »doch«. Bei »Strumpf« gelingt es selbst mit vom Rotwein gelockerter Zunge nicht, den Namen ohne E davor zu artikulieren.

Schlussendlich bejahen Pedro, Rosa und Esteban einheitlich: *Sí*, es ist unglaublich schwer für spanische Zungen, diese deutschen Namen auszusprechen. Außerdem rollen alle in beiden Namen das R, indem sich die Zungenspitze schnell nach oben und unten bewegt – wie Kastagnetten eben, denkt Horst.

»Eure Namen sind mit einem R, also sprechen wir es auch als R aus«, bemerkt Pedro.

Horst denkt kurz nach. »Bei mir klingt das R in meinem Namen aber eher wie ein A, also ›Hoast‹. Im Spanischen ist das R irgendwie prominenter, habe ich das Gefühl.«

»In Spanien wird das R immer gerollt«, wirft Laura ein. »Seit Monaten versuche ich, das hinzubekommen. Aber bei mir klingt es immer nur wie ein Gurgeln. Ich weiß auch nicht, was ich falsch mache.«

»Und woher kommt das E vor Strumpf: *Estrum*?«, unterbricht Horst.

Laura hat eine Idee: »›Stefan‹ heißt auf Spanisch *Esteban*. ›Spanien‹ heißt *España*. ›Spektakulär‹ heißt *espectacular*. Der deutsche Fußballer ›Schweinsteiger‹ wird in Spanien *Esweinesteiger* ausgesprochen. Und ›Strumpf‹ eben *Estrum*. Ist das nicht ein Muster?«

»Sie hat recht«, stellt Pedro fest, »vor dem S fügen wir bei bestimmten Wörtern noch ein E ein. Seltsam.«

Die Freunde sind ratlos: Was steckt dahinter? Horst schlägt vor, bei Konrad nachzufragen.

Am darauffolgenden Vormittag findet er dessen Antwort in seinem E-Mail-Postfach.

Absender: Konrad
Empfänger: Horst
Betreff: Re: Warum nennt man uns in Spanien *Xoräs* und *Estrum*?

Hola Horst,

du und dein Hund habt tatsächlich wunderbare Namen, um die europäischen Aussprachen zu ergründen! In beiden kommt zum Beispiel das R vor. Und die verschiedenen Möglichkeiten, diesen Buchstaben zu sprechen, sind einfach besonders faszinierend.

Im Spanischen wird das R tatsächlich immer mit der Zungenspitze gesprochen, es handelt sich umgangssprachlich um das »gerollte R«. Man spricht im Fachjargon vom sogenannten »alveolaren Vibranten«: Die Zunge stößt dabei an die Alveolen – das ist die feste Masse direkt hinter unseren Zähnen, in der diese festgehalten werden (deutsch »Zahndamm«).

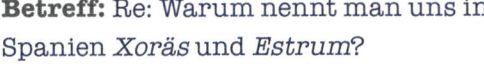

Und ein »Vibrant« ist dieser Laut, weil die Zungenspitze dabei schnell vibriert. Ich nenne das

Zungenspitzen-R gerne »Tauben-R«, weil es wie eine gurrende Taube klingt.

Es gibt übrigens nur wenige Vibranten in den Sprachen der Welt. Zusammen mit den L-Lauten, wie in Deutsch »lustig« oder »billig«, bilden sie die sogenannten Liquide: Sie lassen sich recht »flüssig« sprechen. Um bei unserem Bild vom Bach in meiner letzten E-Mail zu bleiben: Statt eines Steins hängt bei den Liquiden ein herabhängender Ast im Wasser, der sich in der Strömung bewegt. Er erzeugt nur wenig Widerstand, sodass der Bach ziemlich ungehindert fließen kann und seine Strömung nur leicht verändert wird. Sprich: Wie bei den Vokalen kann auch bei diesen Lauten die Ausatemluft recht frei ausströmen.

Das gerollte R ist die häufigste R-Aussprache auf der Welt, die vor einigen Jahrhunderten auch noch überall in Europa zu hören war, bevor sich der Laut in bestimmten Gebieten verändert hat. Neben Teilen der Schweiz und Österreichs finden wir ihn auch heute noch in Deutschland, zum Beispiel in bestimmten süddeutschen Dialekten wie dem Fränkischen oder ganz im Norden an der Küste bei älteren Generationen.

Worüber Laura sich beklagt, ist in Deutschland ziemlich häufig: Viele Menschen können das Zungenspitzen-R nicht aussprechen. Dazu muss man wissen: Die Zunge ist ein sehr präziser Muskel, der gut trainiert werden muss. Wenn man bestimmte Laute nicht schon als Kind lernt, fällt es oft schwer und es braucht viel Übung, diese später noch zu meistern.

Im Deutschen gibt es aber noch drei andere Möglichkeiten, das R auszusprechen. Und die beherrscht Laura sicher ganz gut: Ganz ähnlich wie das Zungenspitzen-R klingt das sogenannte Zäpfchen-R. Ich denke dabei immer an einen grummelnden Tiger. Das »Tiger-R« ist auch ein Vibrant. Allerdings vibriert hier nicht die Zungenspitze, sondern das Gaumenzäpfchen. Das ist dieser lustige »Tropfen« hinten im Rachen.

Ich empfehle meinen Studierenden immer,
sich vor einen Spiegel zu stellen, den Mund
aufzureißen und so zu tun, als würden sie
gurgeln, ohne dabei den Kopf nach hinten zu legen.
Probier es mal aus – du wirst sehen, wie dein Zäpfchen im Mund regelrecht umherflattert! Dieser Laut
ist sehr selten und kommt vor allem im Deutschen und
im Französischen vor. Wer das Zungenspitzen-R nicht
sprechen kann, ersetzt es wie Laura häufig ganz automatisch durch das Zäpfchen-R, weil es ganz ähnlich
klingt.

Die häufigste Möglichkeit, das R im Deutschen auszusprechen, ist durch einen Frikativ, also durch ein
Reibegeräusch. Die Zunge wird hinten im Mund

gegen das Zäpfchen gedrückt und die Luft durch den entstandenen Spalt gepresst. Am besten lässt sich das beim Wort »krumm« ausprobieren, wenn man das R länger spricht. Dieses Wort tauchte auch bereits in der Liste der Reibegeräusche in der letzten Mail auf. Auch diesen Laut würde Clara aus Rom übrigens als unangenehm empfinden, kratzt er doch tatsächlich etwas im Rachen. Für mich klingt er wie ein grollender kleiner Köter. Diese R-Aussprache, die noch dazu bei uns so häufig vorkommt, spielt beim »harten« deutschen Klang eine bedeutende Rolle.

Die letzte Möglichkeit, das R im Deutschen auszusprechen, kennst du aus deinem Namen. Nach einem Vokal wird das R meistens wie ein A gesprochen: ›Hoast höat gean Wöata‹. Tatsächlich ist das streng genommen kein Konsonant mehr, sondern ein Vokal. Der Fachbegriff ist daher das »vokalisierte R«.

Das geschriebene R kann also je nach Sprache unter anderem als Vibrant, als Reibelaut oder als Vokal gesprochen werden. Alle diese Möglichkeiten kommen im deutschen Sprachgebiet vor. Spanierinnen und Spanier hingegen kennen nur das gerollte R, was sie dann automatisch auch in deinem Namen, Horst, und dem von Strumpf benutzen.

Zu guter Letzt zu deiner Frage, wie es zu euren spanischen Namen kommt. Dazu will ich nur einen Denkanstoß geben, vielleicht kommt ihr selbst drauf: In Rom hast du dich bereits mit verschiedenen Lautsystemen beschäftigt, also mit den jeweiligen Einzellauten einer Sprache. Wir sprechen Laute aber nicht einzeln und voneinander unabhängig aus, sondern kombinieren sie miteinander, sodass Wörter entstehen. Zwischen dem Einzellaut und einem Wort gibt es aber noch eine sehr wichtige Zwischenstufe: die Silbe! Du erinnerst dich bestimmt an diese Klatschspiele in der Schule: *Schu* (klatsch) – *le* (klatsch).

Und das ist auch schon der Schlüssel zu deiner Frage. Hier sind das Deutsche und das Spanische nämlich äußerst verschieden. Überlegt doch mal, wie die Silben in der jeweiligen Sprache beschaffen sind und was sie vor allem unterscheidet. Schaut euch zum Beispiel »Stefan« und *Esteban* an – oder eben »Strumpf« und *Estrum*. Dann seht ihr bestimmt klarer.

Salutaciones
Konrrrad

Horst, Pedro, Rosa, Esteban und Laura versuchen, das Rätsel zu lösen. Bei jedem Wort klatschen sie nun in die Hände, um die Silben zu zählen und zu bestimmen. Zunächst vergleichen sie, wie von Konrad vorgeschlagen, die Namen »Stefan« und *Esteban*. Bei »Stefan« klatschen sie nur zweimal: »Ste-fan«. Bei der spanischen Entsprechung aber dreimal: *Es-te-ban*. Auch bei »spek-ta-ku-lär« und *es-pec-ta-cu-lar* hat das Spanische eine Silbe mehr als das Deutsche. Das scheint aber noch nicht die ganze Regel zu sein, wie sich beim deutschen Fußballer »Schweinsteiger«/*Esweinesteiger* herausstellt: Der deutsche Name hat drei Silben: »Schwein-stei-ger«, der spanische aber sogar fünf: *Es-wein-es-tei-ger*.

Schließlich bringt »Strumpf« einen ersten Durchbruch. Die spanische Form *Es-trum* hat nicht nur eine Silbe mehr als der deutsche Name. Die spanischen Silben scheinen dabei grundsätzlich weniger Konsonanten zu haben als die deutschen! »Strumpf« besteht zwar nur aus einer einzigen Silbe, sie hat aber insgesamt sechs Konsonanten: S + T + R + M + P + F. *Es-trum* hat schon zwei Silben, wobei *Es* nur einen Konsonanten hat, *trum* drei.

Sind die spanischen Silben also »kürzer« als die deutschen?

Die fünf Freunde teilen sich in zwei Gruppen auf: Esteban, Rosa und Pedro schauen sich die Länge der spanischen, Horst und Laura die der deutschen Silben an. Was ist die längste Silbe? Und was die kürzeste? Wie viele Konso-

nanten gibt es jeweils? Das Ergebnis ist verblüffend: Die
kürzeste Silbe im Spanischen besteht aus nur einem Vokal,
z. B. *y*/»und« oder *a* wie in *a-bue-la* »Oma«. Die längste
Silbe besteht aus einem Vokal und drei Konsonanten, wie
in *tres*/»drei« oder *Ma-**drid***. Dabei stehen immer zwei Konsonanten vor dem Vokal und nur ein Konsonant dahinter.
Die bei weitem häufigste Silbe im Spanischen besteht aus
einem Konsonanten und einem Vokal, wie in allen Silben
von *co-ro-na*/»Krone« oder *ma-ri-po-sa*/»Schmetterling«.

»Wenn wir die Laute, die wir sprechen, mit Symbolen
darstellen – Vokale mit V, Konsonanten mit K –«, schlussfolgert Pedro, »ergibt das im Spanischen also als minimale
Silbe V, als maximale Silbe KKVK und als häufigste Silbe
KV. Und *Es-te-ban* sieht so aus: VK-KV-KVK. Ich finde, diese Silben lassen sich alle ziemlich gut aussprechen. Und
ziemlich schnell.«

Horst und Laura sehen sich erstaunt an. Das Bild im
Deutschen sieht völlig anders aus: Auch in ihrer Sprache
ist eine Silbe aus nur einem Vokal zwar möglich, aber eher
selten, etwa in ›E-le-fant‹, ›U-te‹ oder ›a-ber‹. Auch das im
Spanischen so häufige KV-Muster gibt es im Deutschen,
allerdings erneut viel seltener, etwa bei ›du‹, ›da‹ oder
›U-**te**‹. Für das Muster KKVK haben Horst und Laura hingegen sehr viele Wörter gefunden, zum Beispiel ›Kran‹,
›Flug‹ oder ›Spaß‹. Das Verblüffendste aber ist, dass sie für
die deutsche Sprache noch weitere Muster mit viel mehr
Konsonanten gefunden haben.

» ›Fritz‹ oder ›Platz‹ haben vier Konsonanten und zwar so: **KKVKK**«, sagt Laura. » ›Strumpf‹ hat ganze sechs, **KKKVKKK**. Wir haben lange überlegt, was die längsten deutschen Silben sind. Das war gar nicht so einfach und wir mussten etwas tricksen und die Wörter leicht verändern. Wir haben uns letztendlich aber auf diese drei festgelegt:

Platz drei geht an den Genitiv von ›Herbst‹, also ›(des) Herbsts‹. Es steht zwar nur ein Konsonant vor dem Vokal. Wenn man das R aber nicht wie in Horst als A spricht, sondern rollt oder als Reibelaut ausspricht, haben wir fünf Konsonanten hinter dem E: **KVKKKKK**. Das ist doch schon sehr lang.

Noch komplizierter ist das Wort ›(du) stampfst‹ mit zwei Konsonanten vor dem Vokal und fünf dahinter: **KKVKKKKK**. Das ist unser Platz zwei.

Und unsere Siegersilbe auf dem ersten Platz ist das Wort ›(du) pfropfst‹. Drei Konsonanten stehen vor dem Vokal und vier dahinter: **KKKVKKKK**. Wir tun uns selbst übrigens schwer damit, es auszusprechen. Zum Glück kommt das Wort echt selten vor.«

»Das heißt, die deutschen Silben sind viel länger und komplexer als die spanischen«, schlussfolgert Pedro zufrieden. »Für Deutsche sind diese langen Silben kein Problem. Wir aber können sie kaum aussprechen. Als Kastagnetten eignen sie sich sicher nicht. Für mich klingen sie eher wie Wasserbomben.«

Rosa lacht: »Für mich ist es hoffnungslos, auch nur eins dieser Wörter richtig auszusprechen.«

»Wartet mal!«, schreit Laura plötzlich auf, »das ist bestimmt auch die Erklärung für den armen *Estrum*. Im Deutschen ist das Muster für ›Strumpf‹ KKKVKKK. Im Spanischen ist die größtmögliche Silbe aber KKVK. Also müssen ein Konsonant links wegfallen und sogar zwei rechts: Es bleibt nur noch *trum* übrig.«

»Und was ist mit dem S am Anfang?«, überlegt Pedro.

»Im Spanischen steht nie ein Konsonant allein. Aber in Verbindung mit einem Vokal entsteht wieder eine Silbe: *Es*. Vielleicht wird der Vokal ›dazuerfunden‹, weil das S nicht wegfallen darf?«

Die Freunde wissen nicht so recht weiter, haben jedoch das sichere Gefühl, ein ganzes Stück vorangekommen zu sein. In einer langen und etwas komplizierten E-Mail teilt Horst Konrad ihre Entdeckungen mit. Die Antwort folgt prompt.

Absender: Konrad
Empfänger: Horst
Betreff: Re: Lan-ge und kur-ze Sil-ben!

Querido Horst,

ihr seid der Lösung schon sehr nahegekommen, Glück-
wunsch! Die Struktur der Silben ist tatsächlich entscheidend. Und hier unterscheiden sich Spanisch und
Deutsch ganz wesentlich.

In den Sprachen der Welt gibt es einen Silbentyp, der
als »optimal« bezeichnet wird. Optimal ist er deswe-
gen, weil er sich besonders leicht sprechen lässt. Man
braucht dafür also sozusagen wenig Energie. Diese Silbe besteht aus einem Konsonanten und einem Vokal,
hat also die Struktur **KV**.

Dass dies die einfachste Silbe ist, zeigt sich bereits bei
Babys, die anfangen zu sprechen. In sehr vielen Sprachen der Welt ähneln sich die Wörter für »Mutter« und
»Vater« – meistens klingen sie ähnlich wie *mama* oder
papa, sei es auf Deutsch, Französisch, Polnisch, Chine-
sisch oder Arabisch. Das ist kein Zufall: Wenn ein Baby
schreit, ist der Mund maximal geöffnet. In der Regel
hört sich dieser Schrei wie ein ziemlich lautes A an.
Die Zunge als Muskel ist bei Babys schlicht noch nicht

ausreichend trainiert, um komple-
xere Laute zu erzeugen.

Durch das Saugen beim Nuckeln
sind aber die Lippen – auch Muskeln!
– bereits »einsatzfähig«. Und welche
Laute werden mit den Lippen gebildet? Zum Beispiel M und P oder B.
Kombiniere beides und du erhältst
die ersten Silben, die ein Baby sprechen kann: *ma* oder *pa/ba*. Wir haben
also eine Folge von Konsonant und Vokal: **KV**. Tadaa!
Der einfachste Silbentyp der Welt.

In vielen Sprachen wird diese schlichte Silbenstruktur im Laufe der sprachlichen Entwicklung nur un-
wesentlich erweitert. Wie ihr richtig erkannt habt,
gibt es zum Beispiel im Spanischen sehr viele dieser **KV**-Silben, oft auch als Häufung **KV**-**KV**-**KV** wie
bei *Má-la-ga* oder *no lo sé*/»Ich weiß es nicht«. Solche
Sprachen werden als »Silbensprachen« bezeichnet: Die
einzelnen Laute werden immer so kombiniert, dass
möglichst optimale oder zumindest einfache Silben
entstehen, die den Sprechfluss erleichtern. Da passt
euer Bild der Kastagnetten hervorragend – der zügige
Sprechfluss wird sozusagen unterstützt durch kna-
ckige, kurze Silben.

Ihr habt im Spanischen zwar auch leicht komplizier-tere Silben gefunden, etwa **KKVK** in *Ma-**drid***. Aber diese kommen weniger häufig vor und sind immer noch recht nah dran an der optimalen **KV**-Silbe.

Deutschsprachige Kleinkinder erweitern im Laufe ih-rer sprachlichen Entwicklung die einfachen **KV**-Silben ein ganzes Stück, bisweilen zu solch komplexen Silben, wie ihr sie aufgespürt habt. Deutsch ist entsprechend keine Silbensprache, hier spielen optimale Silben eine nur untergeordnete Rolle. Deutsche Silben sind so-gar in vielen Fällen möglichst komplex, wie »Strumpf« mit der Struktur **KKKVKKK** oder eben »pfropfst« mit

KKKVKKKK zeigen. Vergiss dabei nicht, dass es um die gesprochenen Konsonanten geht. Wir schreiben zwar SCH wie in »sch**ö**n«, sprechen aber nur einen Konsonanten, also nur ein **K**. Wo im Spanischen durch die häufige **KV**-Struktur meist gleich viele Konsonanten wie Vokale gesprochen werden, klingt das Deutsche durch die Häufung von Konsonanten im Vergleich zu den Vokalen wesentlich härter und ist auch viel schwieriger auszusprechen.

Wichtig neben den allgemeinen Silbenstrukturen ist noch etwas anderes: Die Anordnung der Laute in den Silben. Wir sprechen in der Sprachwissenschaft von *Phonotaktik*, also wie die Laute in verschiedenen Sprachen kombiniert werden können. Jede Sprache hat hier nämlich eine andere »Taktik«. So können am Anfang einer deutschen Silbe ohne weiteres SCH + T + R kombiniert werden, siehe »**Str**umpf« oder »**str**eckst«. Auch SCH + T ohne R sind möglich, wie in »**St**e-fan«.

Im Spanischen geht das nicht: Den Laut SCH gibt es in dieser Sprache gar nicht. Aber auch S kommt nie vor T am Anfang einer Silbe vor und auch nicht vor anderen Konsonanten. S ist im Spanischen am Anfang einer Silbe sozusagen ein lautlicher Einzelgänger, was die Kombination mit anderen Konsonanten betrifft. Darum möchte es sich immer mit einem Vokal zusammentun. Anders formuliert: Alle Kombinationen von *S + ein weiterer Konsonant* am Anfang einer Silbe werden im Spanischen aufgelöst und es wird ein E davorgesetzt. Dieses paart sich mit dem S zu einer neuen Silbe. Das erklärt, warum einige spanische Wörter eine Silbe mehr haben als die deutschen Entsprechungen: »Ste-fan« und *Es-te-ban*.

Was passiert also, wenn ein Spanier oder eine Spanierin versucht, »Strumpf« auszusprechen? Genau: Das S schnappt sich ein E und bildet mit diesem zusammen eine eigene, neue Silbe. So erhalten wir schöne spanische Silben wie **Es**-*trum*. Frag mal deine Freunde, wie sie das deutsche Wort »Stier« aussprechen. Auch hier werden sie voraussichtlich **Es**-*tir* sagen. Bei »Schweinsteiger« schnappt sich das S sogar zweimal ein E: **Es**-*wein*-**es**-*tei-ger*. Das klingt für deutsche Ohren etwas seltsam, passt aber genau zum spanischen Silbensystem, was eben nur einfach strukturierte Silben erlaubt. Das ist niemals despektierlich gemeint, es passiert ganz automatisch.

Faszinierend, wie unterschiedlich die Sprachen aufgebaut sind, findest du nicht?

Und: Bravo! Damit hast du nach dem Lautsystem, mit dem du dich in Rom beschäftigt hast, den zweiten wichtigen Baustein dafür gefunden, warum das Deutsche als so »hart« in der Aussprache empfunden wird: die Struktur der deutschen Silben.

Und durch die Bausteine eins und zwei kommst du nun auch darauf, woher dein spanischer Name *Xoräs* kommt: Pedro ersetzt das H, das es im Spanischen nicht gibt – selbst, wenn es manchmal geschrieben wird wie in *hola* –, durch den nächstähnlichen spanischen Laut X (wie in Deutsch »Ba**ch**«). Das R spricht er gerollt aus. Und die Konsonantenkombination *rst*, die aufgrund ihrer Komplexität im Spanischen nicht vorkommt, löst er auf, indem er den letzten Konsonanten streicht und ein Ä einbaut. So wird »Horst« (**KVKKK**) in zwei einfache Silben aufgeteilt: *Xo-räs* (**KV-KVK**).

Auf deiner nächsten Etappe empfehle ich dir, dich auf einen weiteren wichtigen deutschen Laut zu konzentrieren: den sogenannten Knacklaut. Man kann ihn nur schwer hören und wir haben auch keinen Buchstaben dafür. Zugleich erfüllt er eine äußerst wichtige Funktion im Deutschen.

Dein nächster Stopp ist Paris, nicht wahr? Dort fühlt sich dieser Laut etwas fremd, wie du schnell feststellen wirst.

Bon voyage!
Kon-rad (**KVK-KVK**)

Paris

*Von sprechenden
Nasen und abgehackten
Wörtern*

Horst trifft Amandine im Jardin du Luxembourg. Dass sie ihn als *Ochst* begrüßt, überrascht ihn kaum. Vielmehr lässt es ihn wissend schmunzelnd: Offenbar kennt das Französische wie auch das Spanische und das Italienische kein H. Und für das R haben die Franzosen offensichtlich eine weitere Variante, die wie der Reibelaut CH in »Ba**ch**« klingt. Als Horst seinen Hund vorstellt und schon mit dem Verrücktesten rechnet, muss er jedoch feststellen: Für Amandine stellt die Aussprache überhaupt kein Problem dar.

»Weißt du, was auf Französisch ein *Schtroumpf* ist und warum ihn hier jeder aussprechen kann?«, klärt sie ihn grinsend auf. »So heißen bei uns die kleinen blauen Comicfiguren mit den weißen Mützen.«

»Die Schlümpfe?«, fragt Horst lachend nach. Was für ein lustiger Name im Französischen.

Amandine ist sehr neugierig, was Horst bereits alles herausgefunden hat, fragt ganz viel nach und staunt:

»Wie spannend! Darüber habe ich mir noch nie Gedanken gemacht. Da spricht man bestimmte Sprachen ein Leben lang und weiß so wenig über diese Dinge. Weißt du, was meine Freundin sagt? Deutsch bellt, Französisch schnurrt. Süß, findest du nicht?«

Horst seufzt unhörbar. Auch hier wird das Deutsche also mit Hunden assoziiert. Was der Grund dafür ist, wird ihm mit jeder Etappe seiner Reise jedoch klarer. Warum das Französische aber schnurren soll, kann er sich nicht erklären.

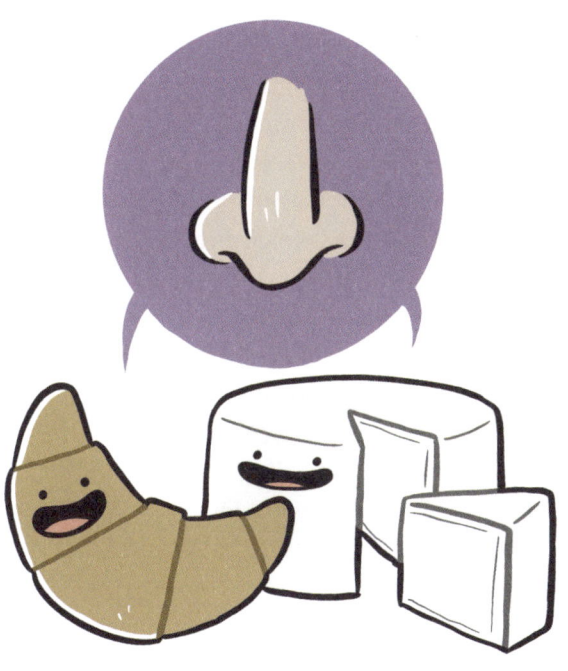

Amandine fährt nachdenklich fort: »Vielleicht liegt es daran, dass wir viele Vokale mit der Nase sprechen, so wie in *Croissant* oder *Camembert*. Ich finde, die klingen sehr nach Schnurren.«

Horst erinnert sich verlegen daran, wie er letztens noch in Deutschland in der Kantine ein Brötchen mit ›Kahmenbert‹ bestellt hat. Er wollte sichergehen, dass die Bedienung ihn versteht, und hat aus diesem Grund die sehr deutsche Aussprache des Käses gewählt. Tatsächlich fällt ihm die auch viel leichter als die französische durch die

Nase. Selbst bei *Amandine* muss er sich konzentrieren, den Namen nicht wie *Amanndine* auszusprechen.

Die hat noch eine weitere Vermutung, warum Französisch von ihrer Freundin mit Katzen assoziiert wird: »Im Deutschen werden die Wörter einzeln gesprochen. Schön – eins – nach – dem – anderen. Im Französischen ist das ganz anders: Die Wörter gehen eins ins andere über, verfließen ineinander. Sprich mir mal nach: *Paris est absolument extraordinaire.* Der Satz bedeutet: ›Paris ist absolut außergewöhnlich‹.«

Horst gibt sich alle Mühe, Amandines charmanten Akzent zu imitieren. Irgendwas klingt aber wesentlich anders.

»Voilà!«, sagt sie triumphierend, »Du hast die Wörter gebellt. Sanft zwar, aber gebellt. Ich habe vier einzelne Wörter gehört. Hör bei mir nochmal genau hin!«

Amandine spricht den Satz erneut: *Parisestabsolument-extraordinaire.* Tatsächlich klingt er wie ein einzelnes, langes, weiches Wort: *Pariétabsolümonextraordinär.*

»Was du im Französischen hörst, nennt sich *Enchaîne-ment,* was übersetzt ›Verkettung‹ oder ›Verbindung‹ bedeutet. Wir *binden* die Wörter beim Sprechen aneinander, ihre Grenzen verfließen, selbst, wenn wir sie auseinander schreiben. Wenn ich an Katzen denke, die zufrieden in so einem Dauerton vor sich hin schnurren, klingt das doch wirklich ganz ähnlich.«

»Ja, irgendwie schon«, bestätigt Horst. »Dann lass uns den Spieß jetzt mal umdrehen. Sag du nochmal auf Deutsch: ›Paris ist absolut außergewöhnlich‹.«

Vorsichtig versucht es Amandine: *»Parisisabsolutaußergewönnlisch.«* Es gelingt ihr kaum, die Wörter auseinanderzuhalten. Horst ist beruhigt – immerhin scheint er nicht der Einzige zu sein, bei dem die sprachlichen Unterschiede auffällig sind. Offenbar können Französinnen und Franzosen im Deutschen die Verkettung der Wörter nicht richtig abstellen. Geschnurrtes Deutsch klingt in Horsts Ohren zwar süß, aber irgendwie auch ziemlich ungewohnt.

Nach einem kurzen Café muss Amandine zu einer weiteren Verabredung. Horst nutzt die Zeit bis zum Abendessen, um Konrad zu schreiben.

Der antwortet umgehend.

Absender: Konrad
Empfänger: Horst
Betreff: Re: Schnurrende Französinnen binden sich gerne

Cher Ochst,

ich sehe, du hast bereits vieles verinnerlicht und kannst ohne meine Hilfe die französische Aussprache deines Namens erklären. Chapeau! Das H kennt das Französische tatsächlich nicht. Und anders als im Deutschen, wo das R in der Regel nach jedem Vokal vokalisiert, also wie ein A gesprochen wird, sprechen

Französinnen und Franzosen es an diesen Stellen meist als Reibegeräusch. Voilà: So wird aus »Horst« eben *Ochst*.

»Strumpf« heißt tatsächlich »Schlumpf« auf Französisch! Witzig, oder? Man muss allerdings dazu sagen: Es gibt nur sehr wenige französische Wörter, die eine solch komplexe Silbenstruktur besitzen. Wie das Spanische und das Italienische besteht Französisch vor allem aus **KV**-Silben. Die korrekte Aussprache war also sozusagen ein Zufall ;)

Das Schnurren gefällt mir im Übrigen sehr gut als Bild. Amandine hat damit nicht nur das Zusammenziehen der Wörter, sondern auch schön die nasale Sprechweise im Französischen erfasst. Tatsächlich werden Laute nicht nur durch den Mund gesprochen, sondern die Atemluft kann auch durch

die Nase entweichen. Und in der Tat erinnern diese Laute aufgrund ihrer Nasalität, also der Verwendung der Nase als Resonanzraum, stark an schnurrende Haustiere.

Im Deutschen kennst du das vom N, M und NG, wie in »**n**ei**n**«, »**m**it« oder »ju**ng**«. Diese sogenannten »Nasalkonsonanten« oder schlicht »Nasale« gibt es auch im Französischen. Oben drauf kommen hier aber noch die Nasalvokale, wie in *bon (voyage)*/»gute (Reise)«, *gr**and***/»groß« oder *mat**in***/»Morgen«. Mit »deutscher Zunge« sind diese gar nicht so leicht zu sprechen.

Probier es mal: *bon, grand, matin!* Das geschriebene N wird im Französischen hier gar nicht gesprochen, sondern »springt« auf den Vokal. Als Unterstützung kannst du aber versuchen, O, A oder I bewusst *zusammen* mit einem N zu sprechen. Das wird sich sicherlich etwas lustig anhören und bedarf einiger Übung. Vielleicht hilft es auch, wenn du dir dich selbst als Kater vorstellst.

Aber kommen wir auch noch mal zum Phänomen des Enchaînements. In vielen Sprachen der Welt sind die Wortgrenzen fließend. Man muss häufig genau hinhören, um die Wörter zu isolieren, also einzeln verstehen zu können. Es sei denn, deine Muttersprache ist Deutsch! Hier passiert nämlich das genaue Gegenteil: Im Deutschen werden die meisten Wörter gerade *nicht* zusammen gesprochen. Es gibt vielmehr sogenannte Grenzsignale, die den Zuhörenden klarmachen: Hier hört ein Wort auf und das nächste beginnt.

In meiner letzten Mail habe ich schon eines dieser Grenzsignale erwähnt: den Knacklaut. Obwohl du den vermutlich noch nie bewusst gehört hast, weil er eben auch kaum hörbar ist, sprichst du ihn ständig. Es gibt einen (zugegeben, etwas makabren) Spruch, der wunderbar verdeutlicht, wann dieser wohl unbekannteste deutsche Konsonant vorkommt und warum er dennoch so wichtig ist.

Sprich mal laut mit:

»Opium bringt Opi um.«

Normalerweise klingen »Opium« und »Opi um« unterschiedlich. Wenn du das zweite »um« ohne Knacklaut sprechen würdest, klänge es jedoch zweimal nach der Droge. Zwischen »Opi« und »um« sprichst du jedoch tatsächlich noch einen kleinen Konsonanten! Hierdurch erst wird klar, dass es sich um zwei Wörter handelt. Versuch jetzt mal, deine Stimme bewusst zum Knacken zu bringen. Such dir irgendeinen Vokal aus, am besten das A, und sprich ihn langgezogen und sehr langsam aus. Noch langsamer! Es klingt dann so, als würdest du statt einer langgezogenen Linie lauter kleine Punkte sprechen: lauter Knacklaute! Es vibriert dabei in deinem Hals und deinem Brustkorb. Weil die Stimmbänder beim Knacklaut nur ganz kurz schwingen, klingt er nicht wie ein Ton, sondern eben wie ein kurzes Knacken.

Die wichtige Regel im Deutschen zur Anwendung des Knacklauts ist: Wenn ein Wort mit einem Vokal anfängt, fügen wir automatisch und meistens, ohne es zu merken, den Knacklaut vor diesem Wort ein. So etwa in eurem Beispielsatz:

»Paris *(knack)*ist *(knack)*absolut *(knack)*außergewöhnlich.«

Oder bei unserem makabren Spruch:

»*(knack)*Opium bringt *(knack)*Opi *(knack)*um.«

Dargestellt wird der Knacklaut in der Sprachwissenschaft übrigens durch ein Symbol, das einem kleinen Fragezeichen ohne Punkt ähnelt: ʔ. Also ʔabsolut ʔaußergewöhnlich. In dem Satz von eben würde das so aussehen:

»Paris ʔist ʔabsolut ʔaußergewöhnlich«

Der Knacklaut ist eines der wichtigsten Grenzsignale im Deutschen. Wie ein Hackebeilchen trennt er die Wörter am linken Wortrand sauber voneinander ab und erhöht so deren Verständlichkeit. Nur mit Mühe können Menschen mit Deutsch als Muttersprache diese Gewohnheit in fremden Sprachen abstellen. Meistens gelingt es nicht. Und dann wird aus *Parisestabsolumentextraordinaire* bei dir eben ganz unwillkürlich:

»Paris *(knack)*est *(knack)*absolument *(knack)*extraordinaire.«

Wenn du so willst, sprechen wir dadurch statt in französischen Baguettes (Enchaînement) in deutschen Brötchen (Knacklaut). Weil der Knacklaut im Deutschen außerdem vollkommen regelmäßig vor einem Vokal gesprochen wird, passiert das eben auch, wenn eine Silbe gar nur aus einem Vokal besteht. Und so gibt es bei uns so gut wie keine Silbenstrukturen wie **V** oder **VK**. Laura hatte in Madrid zwar das Wort »E-le-fant« genannt. Wenn wir den Knacklaut mitberücksichtigen, erhalten wir aber nicht die Silbenstruktur »E-le-fant« = **V**-**KV**-**KVKK**, sondern »ʔE-le-fant« = **KV**-**KV**-**KVKK**.

Die einzigen Ausnahmen sind Silben in einem Wort, wie in »et-wa-ig«. Vor »ig« gibt es hier keinen Knacklaut, weil die Silbe am Ende vom Wort steht und unbetont ist. In allen anderen Fällen sorgt der Knacklaut

dafür, dass Silben im Deutschen mit einem (wenn auch unhörbaren) Konsonanten beginnen und damit leichter zu verstehen sind.

Es gibt den Knacklaut auch in anderen Sprachen, etwa dem Arabischen. Als Signal, um Wortgrenzen anzuzeigen, ist er jedoch eine rein deutsche Erscheinung. Vor kurzem hat er übrigens noch eine weitere wichtige Funktion übernommen: Im Rahmen von gendergerechter Sprache markiert der Knacklaut innerhalb bestimmter Wörter, dass alle Geschlechter gemeint sind. Wenn du zum Beispiel von »Lehrer*innen« sprichst, also mit betontem I, sprichst du den Knacklaut gleich mit: »Lehrer?innen«. Der Knacklaut wird im Deutschen also immer wichtiger …

Mein Auftrag an dich lautet jetzt: Spüre weitere deutsche Grenzsignale auf. Ich bin mir sicher: Amandine kann dich dabei gut unterstützen.

Bien ʔà toi ʔund ʔau revoir
Konrad

Am Abend treffen sich Horst und Amandine zum Essen. Nachdem er sie über den Knacklaut aufgeklärt hat, versuchen sie gemeinsam, Konrads Rätsel mit den Grenzsignalen zu lösen: Welche Mittel gibt es noch im Deutschen, um Wörter voneinander abzugrenzen? Beide überlegen angestrengt und murmeln verschiedene deutsche und französische Wörter vor sich hin. Schließlich werden sie von der Kellnerin unterbrochen, die die Bestellung entgegennimmt. Als Horst in seinem besten Französisch eine *tarte flambée*, einen Flammkuchen, bestellt, horcht Amandine auf.

»Sag bitte noch mal ›*tarte flambée*‹«, bittet sie Horst. Der weiß zwar nicht, worauf Amandine hinauswill, wiederholt die Wörter jedoch brav ein paarmal.

»Es ist das T! Das klingt irgendwie anders als bei mir. Hör mal: ›*tarte, tarte, tarte*‹.«

Tatsächlich klingt *tarte* bei Amandine viel weicher, viel sanfter.

»Bei dir klingen beide Ts ein bisschen so, als würdest du leise niesen«, schmunzelt Amandine.

»Und bei dir, als würdest du leicht schnalzen«, schnippt Horst zurück. »Warte mal, vielleicht ist Konrad erreichbar!«

Horst schickt schnell eine Nachricht an ihn ab:

> Salut Konrad,
> warum klingt T in tarte bei mir anders als
> bei Amandine? Ist das ein Grenzsignal?

Konrads Antwort ist kürzer als gedacht:

> Versucht es auch mal mit
> pape und coq ;)

»Das heißt übersetzt ›Papst‹ und ›Hahn‹. Komisch«, lacht Amandine. »Aber lass es uns versuchen! Ignorier die Es und sprich die Wörter so aus: *pahp* und *kock*.«

Amandine und Horst sprechen nacheinander die beiden französischen Wörter aus und tatsächlich hören sie sich wieder unterschiedlich an. Genauer gesagt, hören sich das P und das K anders an.

»Das leichte Niesen ist auch hier zu hören«, bemerkt Amandine erstaunt. »Es klingt wie das H am Anfang deines Namens. Aber eher wie ein ganz *kleines* H.« Sie stupst Horst aufmunternd an: »Los, sag die Wörter nochmal!«

Horst wiederholt die Wörter ganz langsam und deutlich.

Nun können es die beiden klar hören: Anders als Amandine spricht Horst die Ps in *pape* tatsächlich mit einem kleinen H dahinter aus, also *p^{h}ahp^h*. Das Gleiche passiert bei *k^{h}ock^h (coq), t^{h}art^h (tarte)* und selbst am Enden seines eigenen Namens: ›Horst^h‹. Er kann das gar nicht unterdrücken. Schnell schreibt er Konrad:

> Ich spreche lauter Hs!!!

Konrad bestätigt sofort:

> Sehr gut erkannt. Jetzt überlegt
> mal, was das soll. Ich bin gespannt
> auf deine Mail.
> Schönen Abend!

Die beiden suchen nach weiteren, im Speziellen französischen Wörtern mit P, C (gesprochen wie K im Deutschen) und auch T. Bei allen Wörtern, die mit einem dieser Konsonanten beginnen oder enden, fügt Horst das »kleine H« hinter eben diesen ein, Amandine aber nicht: *P^{h}aris, p^{h}ère*/»Vater«, *stop^h, t^{h}able*/»Tisch«, *t^{h}oilett^h, chic^h*.

»Im Französischen gibt es diesen Hauchlaut nicht. Ich kann ihn auch gar nicht aussprechen«, sagt Amandine. »Und ihr Deutschen macht ganz viele davon.«

»Aber ohne, dass wir es so richtig merken«, fügt Horst stirnrunzelnd hinzu. »Auf jeden Fall setzen wir das kleine H immer nur am Anfang und am Ende von Wörtern, zumindest, wenn darin P, T oder K vorkommen. Ist das vielleicht ein weiteres Grenzsignal? Aber die Regel dahinter habe ich noch nicht verstanden.«

»Zumindest lässt sich ein H nicht sehr gut schnurren, nicht mal ein kleines …«, schließt Amandine augenzwinkernd.

Horst hat plötzlich das sichere Gefühl, dem Rätsel um die Härte der deutschen Aussprache noch mal näher gekommen zu sein. Er berichtet Konrad am selben Abend davon in einer E-Mail mit vielen Fragezeichen.

Noch vor der Abfahrt zu seiner nächsten Etappe erreicht ihn die erlösende Antwort.

Absender: Konrad
Empfänger: Horst
Betreff: Re: Deutsche K^{h}atzen k^{h}önnen nicht^h schnurren

Bonjour Horst,

deinem sprachwissenschaftlichen Gespür sind offenbar keine Grenzen gesetzt: Jetzt kennst du ein weiteres wichtiges Grenzsignal des Deutschen. Das »kleine H«, das du gefunden hast, wird als »Aspiration« oder »Behauchung« bezeichnet. Tatsächlich ist ein H nichts anderes als ein Hauch.

Wenn du deine Sonnenbrille anhauchst, um sie zu putzen, tust du das mit einem H. Oder wenn du einfach nur stark ausatmest und dabei den Mund öffnest, sprichst du ein H. Im Deutschen werden nur ganz bestimmte Konsonanten mit diesem kleinen H gesprochen, also aspiriert oder behaucht. Und zwar sind das eben P, T und K. Diese drei Konsonanten werden auch als »stimmlose Plosive« bezeichnet. Stimmlos sind sie, weil bei ihnen die Stimmbänder nicht schwingen, wenn wir sie sprechen. Sie werden also ohne Stimme gesprochen. Und der Begriff »Plosiv« deutet darauf hin, wie sie artikuliert werden.

Schließe dazu mal den Mund. Baue dann
Druck im Lippenbereich auf, stoße die Luft
schließlich aus und öffne dabei die Lippen.
Es entsteht eine kleine »Explosion«: ein P. Auch
bei den anderen beiden Plosiven T und K wird die Luft
im Mund erst gestaut und entweicht dann explosions-
artig.

Diese Explosion kann dabei stark oder schwach aus-
fallen. Im Deutschen ist sie grundsätzlich ziemlich
stark. Da ein Großteil der Luft entweicht, folgt auf die
Explosion zusätzlich ein H, sozusagen als Echo der
Explosion. Oder wie es Amandine formuliert hat: ein
kleines Niesen.

Halte dir jetzt ein Blatt Papier mit einer Hand ganz
nah vor den Mund. Wenn du nun P, T, K sprichst oder
ein Wort wie »Post«, wird das Blatt durch den Hauch
leicht nach vorne wippen. Bei »Post« sogar zweimal!
Im Französischen – aber auch im Spanischen, Italienischen und sogar im Niederländischen – ist die Explosion viel schwächer, weil der Druck schwächer ist. Es
folgt kaum Luft. Die Plosive werden hier also ohne zusätzliche Behauchung gesprochen – das Blatt Papier
bewegt sich nicht. Daher bestellst du eine $t^h art^h e$ (das
E hinten wird nicht gesprochen), Amandine jedoch
eine *tarte*.

Diese zusätzliche Behauchung findet sich im Deutschen tatsächlich immer dann, wenn die Buchstaben P, T und K am Anfang oder am Ende eines Wortes stehen. Es sei denn, vor oder nach P, T und K wird ein Reibegeräusch gesprochen, wie in »**S**tuhl«, »**Pf**au« oder »**kr**umm«. Dann wird die Luft für eben diesen gebraucht und reicht nicht mehr für eine zusätzliche Behauchung. In allen anderen Fällen markiert die Behauchung der Plosive aber genau dies: Anfang und Ende von Wörtern. Anders ausgedrückt: Wir behauchen die stimmlosen Plosive, um die Wortgrenzen in bestimmten Wörtern zu markieren.

Übrigens zählt auch der Knacklaut zu den Plosiven, denn er ist ebenfalls eine kleine Explosion. Diesmal allerdings nicht im Mund, sondern direkt an den Stimmbändern im Kehlkopf selbst. Der wissenschaftliche Begriff lautet daher »glottaler Plosiv« (»Glottis« ist der Fachbegriff für Kehlkopf) oder auch »Glottisverschlusslaut« (»Verschlusslaut« ist die deutsche Bezeichnung für »Plosiv«). Der Knacklaut als Grenzsignal ist jedoch nicht zusätzlich behaucht.

Paris: Von sprechenden Nasen und abgehackten Wörtern

Wenn wir schon dabei sind: Noch drei weitere Plosive existieren im Deutschen: B, D, und G wie in »**B**aum«, »**D**ose« und »**g**leich«. Sie werden ähnlich wie ihre stimmlosen Brüder P, T und K gebildet, bei ihnen vibrieren aber die Stimmbänder – sie werden also *mit* Stimme gesprochen. Laute mit Stimme *und* Behauchung sind weltweit äußerst selten, weil diese schwer auszusprechen sind. Im Deutschen funktionieren die stimm*haften* Plosive daher auch nicht als Grenzsignal. Selbst im Deutschen lassen sich folglich nicht alle Wörter klar voneinander abgrenzen. Aber doch sehr viele.

Jetzt genug des Fachjargons!

In London wirst du ein weiteres Grenzphänomen entdecken. Englisch und Deutsch sind verwandt, vieles ist daher recht ähnlich. Du wirst folglich ein bisschen suchen müssen ...

Have a safe journey!
K^{h}onrat^h

London

*Von verwandten
Hunden und einem
harten Auslaut*

In London staunt Horst nicht schlecht, als er sich mit den neuen Kenntnissen bewusst in das Englische hineinhört. Deutsch und Englisch sind sich tatsächlich ähnlicher, als er dachte. Trotzdem klingt das Englische für Horst nicht wie ein Bellen. Eher wie ein Kläffen, räumt er lächelnd in Gedanken ein. Zugleich irgendwie vornehm.

James erwartet Horst auf einer Bank vor dem Buckingham Palace. Horst sieht ihn nicht gleich, weil er unter einem großen Regenschirm versteckt ist. Es nieselt.

Die beiden Freunde setzen sich vor ein gemütliches Pub in der Nähe, zum Glück hat es jetzt aufgehört zu regnen. James lehnt seinen Schirm an seinen Stuhl und schlägt die Beine übereinander. Nachdem sie bestellt und sich ausgetauscht haben, wie es ihnen geht, was sie treiben und am Ende auch, wieweit Horst mit seiner »Bellforschung« gekommen ist, erweitert James diese um einen interessanten Gedanken:

»Gerade in England ist die Vorstellung vom harten, bellenden Deutschen sehr verbreitet. Ich finde das erstaunlich, schließlich sind Deutsch und Englisch wie Geschwister.«

»Wenn das Deutsche und das Englische Geschwister sind, wer sind dann die Eltern?« fragt Horst neugierig.

»Das Germanische«, antwortet James, der neben seinem Geschichtsstudium als Hobby zahlreiche europäische Sprachen gelernt hat. »Das ist eine Art Ursprache, aus der sich sowohl Deutsch als auch Englisch entwickelt haben.«

»Wenn die beiden Sprachen aber doch denselben Ursprung haben, warum verstehen wir Deutschen das Englische dann nicht automatisch, sondern müssen es erst lernen? Meine echten Geschwister verstehe ich schließlich
auch«, entgegnet Horst verwirrt.

»Nicht unbedingt«, wendet James lachend ein. »Meine
Schwester zum Beispiel benutzt manchmal Wörter, die ich
gar nicht kenne. Weil sie einfach viel jünger ist, glaube
ich. Oder sie spricht die Wörter ganz anders aus als ich.
Beispielsweise *butter*. Das spricht sie ganz ohne T aus. Wir
sprechen also dieselbe Sprache, diese aber stellenweise
eben auch anders.«

Horst nickt nachdenklich. Er will gerade zu einer Frage
ansetzen, als James ihm zuvorkommt.

»Ich erkläre mir das immer mit Symbolen. Stell dir mal
vor, dieser Kreis hier ist die gemeinsame Ursprache von
Englisch und Deutsch.« James zeichnet mit dem Ende seines Regenschirms einen großen Kreis in den Kies vor ihrem Tisch.

»Aus irgendwelchen Gründen, vermutlich Zellteilung«,
James gluckst erheitert, »sind aus dem einen Urkreis zwei
zumindest gleichgroße Kreise erwachsen.«

James verwischt den großen Kreis und zeichnet stattdessen zwei mittelgroße.

»Diese beiden ›Geschwister‹ haben aber bereits eine
ganz eigene Persönlichkeit, bringen Talente und Tempera-
ment mit, lernen in ihrem Leben unterschiedliche Men-

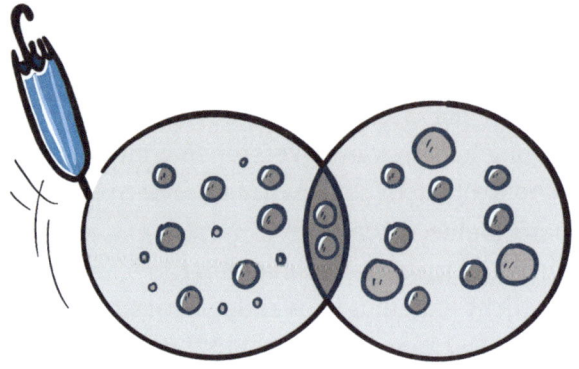

schen kennen, treffen unterschiedliche Entscheidungen und so weiter. In der Wirklichkeit der *sprachlichen* Entwicklung hat das wohl eher so ausgesehen, dass es über viele Jahrhunderte Einflüsse wie Ortswechsel, die Vermischung mit anderen Völkern und damit Sprachen, aber auch Kriege, Naturkatastrophen und so weiter gegeben hat, die die beiden Sprachen unterschiedlich geprägt, sie verändert, voneinander entfernt haben. Wodurch sich entsprechend die Form unserer beiden Kreise verändert hat.«

Auf einen Teil des rechten Kreisrands malt James nun ein paar Zacken, in den linken zeichnet er mehrere kleine Striche hinein.

»Was erkennst du jetzt?«, fragt er Horst.

Horst zuckt mit den Schultern: »Na ja, dass die Kreise nicht mehr gleich sind.«

»Genau, sie sind verschieden. Aber sie sind immer noch *Kreise*! Zumindest noch zu großen Teilen rund. Außerdem bestehen sie immer noch aus Kies. Und genauso ist es mit dem Deutschen und dem Englischen. Sie sind unterschiedlich, aber es sind beides Kreise. Und sie stammen aus demselben Urkreis. Wir können noch weitergehen: Stell dir jetzt vor, die Kieselsteine in den Kreisen wären die Laute der jeweiligen Sprache. In dem einen Kreis gibt es vielleicht ein paar mehr Steine. Einige davon sind ein bisschen größer als die im anderen Kreis. Möglicherweise liegen die Steine in dem einen Kreis auch weiter auseinander, während sie im anderen in kleinen Grüppchen beisammen liegen. Trotzdem sind es alles Kieselsteine und die meisten sehen sich zum Verwechseln ähnlich. Verstehst du, was ich sagen will?«

Horst nickt: »Bei Sprachen, die aus derselben Ursprache stammen, ist das Lautsystem in der Substanz gleich, es gibt aber Unterschiede.«

»Exakt!«, bestätigt James eifrig nickend.

Horst runzelt die Stirn. »Was uns wieder zu meiner Ursprungsfrage zurückführt: Warum bellt das Deutsche, wenn es das Englische bei gleicher Ursprache nicht tut?«

Horst und James gehen die bisherigen Erkenntnisse durch. Ein Vergleich des deutschen und des englischen Lautsystems bestätigt Horsts Eindruck, dass beide Sprachen etliches gemeinsam und relativ wenig Unterschiede haben. Beide besitzen ähnlich viele Reibelaute und dieselben Plosive. Im Englischen fehlt der Ichlaut, dafür gibt es aber die ebenfalls schwer zu artikulierenden TH-Laute wie in *they* und *earth*. Das R wird hier anders gesprochen, im Englischen klingt es eher wie ein U – offenbar noch eine

R-Variante. Auch das L klingt manchmal wie ein U, etwa in *cold*. In *learn* wiederum klingt es aber genauso wie im Deutschen. Außerdem hat das Englische wie das Deutsche viele Vokale, häufiger als im Deutschen treten jedoch zwei hintereinander auf, wie in *mouse* oder *choice*.

Auch die Silben ähneln einander in beiden Sprachen und können im Englischen offensichtlich ebenfalls ziemlich komplex sein, wie sich allein bei **streets**, **stretch** oder **strengths** zeigt. Kein Wunder, dass James keinerlei Probleme hat, die Namen Horst und Strumpf auszusprechen – selbst wenn er Strumpf lieber ohne F hinten spricht, weil das im Englischen in Kombination mit P normalerweise so nicht vorkommt.

Und wie steht es um die Grenzsignale? Nur wenige Probewörter machen deutlich, dass P, T und K im Englischen auch behaucht werden, wie in *pʰalace*, *tʰookʰ* oder *pʰutʰ*.

Horst und James resümieren: Bislang wirken die beiden Sprachen tatsächlich sehr ähnlich. Wie bei echten Geschwistern gibt es dann aber doch Unterschiede. Horst erzählt James noch vom deutschen Knacklaut. Von dem hat James noch nie etwas gehört. Ein kurzer Test zeigt, dass im Englischen die Wörter gebunden werden. James spricht den englischen Satz *Albert eats an appel* (»Albert isst einen Apfel«), als *Alber-teat-se-Nappel* aus, während Horst die Wörter sauber voneinander trennt.

Aber reichen diese Unterschiede tatsächlich aus, um in der Aussprache so anders wahrgenommen zu werden?

Horst sendet Konrad schnell eine Sprachnachricht mit dieser drängenden Frage. Die Antwortmail lässt nicht lange auf sich warten.

Absender: Konrad
Empfänger: Horst
Betreff: Sprachliche Stammbäume und verwandte Formen

Dear Horst,

ich kann gut verstehen, dass dich die Frage umtreibt. Wie ihr richtig beobachtet habt, sind sich Englisch und Deutsch in vielem recht ähnlich. Dein Freund hat das durch die unterschiedlichen Kreise sehr schön symbolisiert.

Die Kurzform der tatsächlichen Geschichte hinter den beiden Sprachen sieht etwa so aus: Im 4. Jahrhundert eroberten drei germanische Stämme aus dem heutigen Norddeutschland und Süddänemark – die Jüten, die Sachsen und die Angeln (was übrigens zum Namen »England« führte) – große Teile der britischen Inseln, die damals mehrheitlich von den Kelten besiedelt waren. Als Eroberer gaben ihre germanischen Dialekte von nun an im wahrsten Sinne des Wortes den Ton an. Im Jahr 1066 übernahm dann der Normanne Wilhelm der Eroberer die Herrschaft. Er und seine Gefolgschaft sprachen eine Vorstufe des heutigen Französisch. Während das Volk weiterhin eine Vorstufe des heutigen Englisch sprach, erwachsen aus dem Germanischen, parlierte die neue Oberschicht über eine lange Zeit also auf Französisch, wodurch sich viele Ausdrücke ins Englische schmuggelten, etwa *colour* (»Farbe«), *empire* (»Reich«) oder *enemy* (»Feind«) (auf Französisch *couleur, empire, ennemi*). Über die Wikinger, die die Insel immer wieder angriffen, kamen noch Wörter aus dem heutigen Skandinavien hinzu, wie *skin* (»Haut«), *egg* (»Ei«) oder *sky* (»Himmel«).

So vermischten sich die Sprachen also nach und nach. Diese bunte Geschichte des Englischen erklärt, warum die Struktur der Sprache zwar germanisch ist, sie sich aber dennoch vom Deutschen unterscheidet. Einfach, weil so viele andere sprachliche Einflüsse darin zu finden sind – gerade im Vergleich zum Deutschen.

Die Sprache der germanischen Stämme, die im heutigen Deutschland blieben, wurde im Laufe der Jahrhunderte ebenfalls von anderen Sprachen beeinflusst, etwa vom Slawischen aus dem Osten oder dem Französischen aus dem Westen. Um 1500 kam dann die Bibelübersetzung durch Luther auf den Markt, die sich im

WIKINGER

JÜTEN

ANGELN

SACHSEN

NORMANNEN

gesamten deutschen Sprachgebiet verbreitete und als einer der Wegbereiter des Hochdeutschen, wie wir es heute kennen, gilt.

Hinzu kommen in beiden Fällen auch immer Entwicklungen, die jede Sprache durchläuft. Alle Sprachen der Welt entwickeln sich immer weiter. Und seit der Antike beschweren sich die Großeltern über einen wie auch immer gearteten Verfall der Sprache der jungen Generation. Dies kann man schon in zahlreichen lateinischen Texten aus der Römerzeit nachlesen.

Dabei sind solche Veränderungen ganz natürlich: So haben sich in einem Teil des germanischen Sprachraums im Zuge der sogenannten hochdeutschen Lautverschiebung zum Beispiel die Plosive P und T in bestimmten Fällen zu PF, FF, TS oder SS entwickelt, während das in Nordeuropa und auf den britischen Inseln ausblieb.

Überleg doch mal, wie die Wörter »**Pf**anne«, »**Pf**effer«, »**z**ehn« und »Wa**ss**er« im Englischen gesprochen werden und sprich sie laut aus.

Die Briten nutzen nach wie vor die »unveränderte« Form: *pan* und *pepper*, *ten* und *water*. Man spricht auch von der »unverschobenen« Form. Dies erklärt, warum es für James ungewöhnlich ist, Strumpf mit PF auszusprechen. Diese Lautkombination hat sich im Vergleich zum Deutschen im Englischen nie entwickelt, sondern das P blieb eben immer nur ein P.

Kurzum: Tatsächlich haben alle diese germanischen Stämme – die, die in ihrer Ursprungsregion geblieben sind und die, die die Inseln erobert haben – irgendwann in der Vergangenheit mal dieselbe Sprache gesprochen. Aufgrund der geografischen Distanz und unterschiedlicher Einflüsse und Entwicklungen haben sie sich aber langsam voneinander entfernt. Auch wenn

vieles zwischen dem Englischen und dem Deutschen immer noch ähnlich ist, würde ich nicht mehr von »Geschwistern« sprechen. Dafür ist im Laufe der Jahrhunderte einfach zu viel passiert. Deutsch und Englisch sind wohl eher Großcousins. Sie stammen aus dem gleichen Nest, die Urahnen sind dieselben. Der Stammbaum hat sich aber bei beiden stark weiterentwickelt. Dennoch: Durch die gemeinsamen Ahnen werden sie beide als »germanische Sprachen« bezeichnet – genauso übrigens wie Schwedisch, Niederländisch, Friesisch oder Isländisch. Oder um bei dem Bild deines Freundes zu bleiben: Alle germanischen Sprachen sind Kreise. Aber innerhalb dieser grundlegenden Kreisform findet sich doch der ein oder andere (mal kleinere, mal auch etwas größere) Unterschied.

Neben den germanischen Sprachen gibt es zwei weitere wichtige europäische Sprachfamilien. Die eine hast du bereits ausführlich kennengelernt: Das Spanische, Italienische und Französische sind ebenfalls verwandt. Ihre Mutter ist das gesprochene Latein, das sich in den verschiedenen Regionen durch Kontakt mit anderen Sprachen und weitere äußere wie innere Einflüsse unterschiedlich weiterentwickelt hat. Und weil diese Regionen früher alle zum Römischen Reich gehört haben, spricht man von den *romanischen Sprachen*. Auch hier gehören noch viele weitere dazu, wie Rumänisch, Portugiesisch oder Katalanisch.

Und die dritte große Sprachfamilie ist das Slawische, dessen Sprachen vor allem im (Süd)Osten Europas zu finden sind. Dazu zählen etwa Polnisch, Tschechisch, Russisch oder Kroatisch. Auch sie gehen auf eine Ursprache zurück – das Urslawische.

Wenn die germanischen Sprachen rund sind, könnten wir für die romanischen eine eckige Form wählen. Das passt auch gut zu der Eigenbezeichnung Frankreichs als Hexagon, weil das Land wie ein Sechseck aussieht. Und für die slawischen Sprachen wählen wir den Stern als Symbol, wenn wir auch hier teils stark unterschiedliche Ausprägungen desselben erkennen können.

Und jetzt halt dich fest: Trotz aller Unterscheidungen haben die germanischen, romanischen und slawischen Sprachfamilien ein und denselben Ursprung! Das sogenannte Indoeuropäische nämlich. Zu dieser Ur-Ursprache zählen sogar heutige asiatische Sprachen wie Hindi in Indien oder Persisch im Iran. Das lässt vielleicht erahnen, wieso es in vielen Sprachen der Welt immer wieder Wörter gibt, die wir wiedererkennen, selbst wenn wir die Sprache noch nie in unserem Leben gehört haben, geschweige denn sie auch nur ansatzweise sprechen können.

Doch zurück zu deiner Forschungsfrage. Du hast einige Unterschiede zwischen den runden Großcousins Englisch und Deutsch festgestellt. Zum Beispiel, dass im Englischen die Wörter wie beim französischen Enchaînement gebunden werden und die Wortgrenzen häufig verschwimmen. Einen Teil der Nuss habt ihr also geknackt. Apropos »knacken«: Besonders der Knacklaut stellt tatsächlich einen wesentlichen Unterschied zwischen beiden Sprachen dar. Dieser befindet sich wie gesehen am linken deutschen Wortrand. Widme deine Aufmerksamkeit doch jetzt mal dem *rechten* Wortrand. Da gibt es noch etwas zu entdecken.

Good luck!
Konrad

Die Verwandtschaftsverhältnisse von Englisch und Deutsch sind also soweit geklärt. Doch Horst und James haben keine Ahnung, was Konrad ihnen mit dem Schluss seiner Nachricht sagen will.

»Was hältst du von einem kleinen Experiment?«, schlägt James darum erst mal vor. »Wir fragen die Menschen, die hier vorbeilaufen, wo sie die Unterschiede zwischen den Kreisen sehen. Du sprichst ein paar Sätze auf Englisch und sie sollen erraten, wo du herkommst. Und woran sie das erkennen. Vielleicht kommen wir so weiter.«

Horst findet die Idee super. Und es ist erstaunlich: Sie fragen Personen unterschiedlichen Alters und alle erkennen sofort, dass Horst aus Deutschland kommt. Auf die Frage aber, woran genau sie das erkennen, erhalten die beiden Freunde eher vage Antworten, etwa, dass Horsts Englisch so abgehackt klinge. Eine junge Frau ergänzt, dass Horst das Wort *three* wie *free* ausspräche und *there* wie ›sehr‹. Horst weiß mittlerweile, woran das liegt: Da der Reibelaut TH im Deutschen nicht vorkommt, ersetzt er ihn durch ähnliche Laute, die er aus dem Deutschen kennt, in diesen Fällen F oder das Bienen-S. Ein älterer Herr schmunzelt darüber, dass Horst *Germany* als *Tschöhmeni* ausspricht und nicht als *Dschöumeni*.

Horst und James glauben jedoch nicht daran, dass das schon alles sein soll.

Ein Zufall führt sie schließlich auf die richtige Spur. Sie wollen gerade eine ältere Frau befragen, die am Neben-

tisch sitzt und Tauben füttert, als Strumpf sich plötzlich in die Vogelmenge wirft und sie verscheucht. Horst entschuldigt sich für seinen Hund, als die Frau unvermittelt ausruft:

»Oh, Sie sind Deutscher!«

Horst hat nur wenige Wörter gesagt und wurde dennoch von der Frau enttarnt.

»Der Arzt hat damit nichts zu tun«, ergänzt die alte Frau lächelnd. Horst und James schauen sich verdutzt an.

»Entschuldigung, ich weiß nicht, was Sie meinen«, gibt Horst zu und ist sich sicher, er hat es einfach falsch verstanden.

»Sprich mir doch mal nach, junger Mann«, antwortet die Frau und sieht Horst aufmunternd an. »*This is my dog.* ›Das ist mein Hund‹.«

Horst zögert, zeigt auf Strumpf und wiederholt: »*This is my dog.*«

»Ha!«, ruft die Frau wieder aus. »Siehst du, du sprichst ›Hund‹ wie ›Arzt‹ aus.«

James begreift als Erster:

»›Hund‹ heißt auf Englisch *dog.* Im Englischen wird das Wort am Ende nicht nur mit G geschrieben, ich spreche es auch mit einem G aus. Du aber hast das Wort stattdessen mit einem K beendet, also *dock* gesagt.«

»Exactly!«, sagt die Frau. »Versuch es mal hiermit: *I love this band.* ›Ich liebe diese Band‹.«

Horst murmelt den Satz etwas unsicher nach.

»Hörst du? Du sagst: *Ei loff sis bent.*«

Die Frau hat Recht. Sie und James sprechen den Satz irgendwie viel weicher aus. Aber woran liegt das? Horst bittet sie um einen weiteren Satz: »*Steve did a good job.* ›Steve machte einen guten Job‹.«

Diesmal hört Horst es selbst: *Stiif ditt e gutt dschopp.* Die Vokale klingen fast identisch, wenn er, James oder die Frau den Satz sagen. Aber am *Ende* der Wörter ist irgendwas anders.

»Du sprichst die Wörter hinten nicht wie wir mit D oder B aus, also *band* oder *job.* Sondern stattdessen mit T und P. Und das klingt halt härter …« James scheint verstanden zu haben. Die ältere Frau nickt und schlägt weitere Wörter vor: Auch *groove* und *dove* spricht Horst als *gruuf* und *doff* aus. Aus *god* und *bed* werden *gott* und *bett* in Horsts Mund, aus *web* und *mob* werden *wäpp* und *mopp*. Ganz automatisch.

Schnell schickt er Konrad eine Sprachnachricht. Der antwortet flugs per Mail:

Absender: Konrad
Empfänger: Horst
Betreff: Doktor Konrads Diagnose: eine akute Auslautverhärtung

Hi Horst,

ich bin mir sicher, du hast dir sogar Mühe gegeben, die Wörter wie im Englischen auszusprechen. Und doch wurde am Ende eines Wortes jedes weiche B eher zu einem P. Der Grund hierfür: Du wendest die deutsche Auslautver*härt*ung an! Das ist im Deutschen eine ganz wichtige Lautregel. Im Deutschen sorgt die Auslautverhärtung nämlich dafür, dass am Ende von Silben alle Reibegeräusche und Plosive ohne Stimme gesprochen werden *müssen*, also stimmlos wie zum Beispiel das Schlangen-S. So wird aus dem stimmhaften G automatisch ein stimmloses K, aus dem stimmhaften V (im Englischen so geschrieben, gesprochen aber als W) ein stimmloses F, aus dem stimmhaften B ein stimmloses P, aus dem stimmhaften D ein stimmloses T.

Das Englische kennt die Auslautverhärtung – der Name ist Programm – nicht. *Love* wird ohne Probleme hinten mit W gesprochen, *job* mit B und *god* mit D. Und all diese Laute sind stimmhaft. Du ahnst es: Sie klingen weicher als die härteren stimmlosen Laute, wie Deutsche sie automatisch mit F, P und T am Ende von englischen Wörtern sprechen.

Sprich doch diese Wörter nochmal laut aus:

love
job
good

Wie vorhin bei eurem »Experiment« hast du die Wörter gerade sehr wahrscheinlich folgendermaßen gesprochen:

love > *loff*
job > *dschopp*
good > *gutt*

Ein Problem im Deutschen für die, die die Sprache lernen wollen, ist, dass die Schrift die Auslautverhärtung nur selten darstellt. Wir schreiben zwar »Hund« mit D. Sprechen tun wir aber »Hunt^h«. Genauso schreiben wir »klug«, sprechen aber »kluk^h«. Hier unterscheidet sich unsere Schrift von der Aussprache also stark. Grund hierfür ist, dass das Deutsche in der Schrift ein »Stammprinzip« kennt: Selbst, wenn sich die Aussprache (leicht) verändert – siehe »Hunt« gegenüber »Hun**d**e« –, werden beide Wörter mit D geschrieben. So ist eindeutig, dass in beiden Fällen von den Vierbeinern gesprochen wird. Die Auslautverhärtung ist als Regel so strikt, das heißt, wir sind sie so gewohnt, dass uns die andere Schreibung gar nicht irritiert oder noch auffällt. Und weil diese Regel im Deutschen eben so wichtig ist, wir sie sehr früh erlernen und auch immer konsequent umsetzen, ist es äußerst schwierig, sie in anderen Sprachen auszulassen. Egal, ob wir Italienisch, Spanisch, Französisch oder Englisch sprechen – B, D, G oder V/W werden im Mund eines Deutschen und einer Deutschen am Ende einer Silbe immer als P, T, K oder F gesprochen. Was das Ganze noch komplizierter macht: Wenn D und G in diesen Wörtern nicht die *letzten* Laute sind, sprechen wir das geschriebene D und G auch so aus: »klu**g**e Hun**d**e«.

Vermutlich ahnst du längst, was der Zweck der Auslautverhärtung ist. Sie hat im Deutschen eine wichtige Funktion, mit der du dich schon in Paris beschäftigt hast: die Abgrenzung der Wörter voneinander. Nur diesmal eben am rechten Ende des Wortes. Und damit bildet sie ein weiteres sehr wichtiges Grenzsignal.

Gutt dschopp!

Das nächste Ziel ist Pit in Luxemburg, richtig? Wenn ich mich recht erinnere, bist du zum ersten Mal dort. Du wirst fasziniert sein, wie viele verschiedene Klänge dich in dem kleinen Land erwarten.

Vill Spaass!
Konrat

»Klingt plausibel«, sagt James. »*Dock* klingt wirklich viel härter als *dog*. Und jetzt, wo ich weiß, worauf ich achten muss und wie sie funktioniert, höre ich die Auslautverhärtung doch sehr deutlich heraus.«

»Und ich habe mehr und mehr den Eindruck, dass ich meine harte Aussprache gar nicht ändern *kann*«, seufzt Horst. »Nicht in fremden Sprachen und noch weniger in meiner eigenen. Aber wenn all diese Dinge wie Auslautverhärtung und Knacklaut einfach dazu gehören und automatisch gesprochen werden, dann braucht sich auch kein Deutscher mehr dafür zu schämen, dass er oder sie keine perfekte Aussprache in anderen Sprachen hat, oder?«

»Und vergiss nicht,« ergänzt James lächelnd und klopft Horst freundschaftlich auf die Schulter »dass Nicht-Deutsche auch häufig einen starken Akzent haben, wenn sie Deutsch sprechen. Akzente sind also die Regel, nicht die Ausnahme.«

»Die Ausnahme bleibt aber offensichtlich, dass nur der deutsche Akzent wie ein bellender Hund klingt«, nimmt Horst die ursprüngliche Diskussion wieder auf. Aber mittlerweile kann er dabei gnädig lächeln.

»Apropos«, fragt James neugierig nach, »wie klingt für dich eigentlich das Englische?«

Horst erinnert sich an seinen ersten Gedanken, kurz bevor er James am Buckingham Palace traf. Er muss unweigerlich grinsen.

»Tja, als Verwandter des Deutschen sollte es wohl auch ein Vierbeiner sein. Für mich klingt Englisch aber etwas vornehmer als der deutsche Schäferhund. Der englische Hund bellt irgendwie nicht ganz so laut. Eher kläfft er.«

»Der Hund meines Vaters kläfft!«, ruft James aus. »Und das ist ein Königspudel.«

»Dann ist Englisch also der Königspudel unter den Bellenden oder besser: Kläffenden«, proklamiert Horst feierlich.

»Übrigens, mein Vater ist zufällig auch noch Arzt«, wirft James prustend ein. Da können sich die beiden Freunde vor Lachen kaum noch halten.

écu**REUIL**

EICHhörnchen

Ka**WEE**chelchen

Luxem-burg

*Von mehrsprachigen
Eichhörnchen und
betonten Stämmen*

Über das kleine Großherzogtum zwischen Frankreich, Belgien und Deutschland weiß Horst bislang sehr wenig. Sprechen die Menschen dort eigentlich Französisch oder Deutsch? Er ist überrascht, als Pit ihn mit »Moien!« begrüßt und ihn darüber aufklärt, dass es eine luxemburgische Grußformel sei. Luxemburgisch?

»Bis Mitte des 20. Jahrhunderts galt Luxemburgisch für viele als deutscher Dialekt. Heute solltest du das besser nicht mehr sagen. Es ist eine anerkannte Sprache«, lacht Pit.

Er erklärt Horst, dass das Luxemburgische eng mit den westdeutschen Dialekten, vor allem dem Moselfränkischen, das etwa in Koblenz, Trier oder Bitburg gesprochen wird, verwandt ist. Weil Luxemburg aber schon seit längerer Zeit ein eigener Staat ist, hat sich die Sprache dort anders entwickelt als diese Dialekte. Horst muss wieder an die Kreise denken, die sein Freund James in den Kies gezeichnet hatte: Auch die waren aus einem Urkreis entstanden, haben sich in zwei gleiche Teile geteilt und dann unterschiedlich verändert.

»Luxemburg hat drei offizielle Sprachen: Luxemburgisch, Deutsch und Französisch«, fährt Pit fort, während er mit Horst durch die historische Festungsstadt schlendert. »Luxemburgisch sprechen und schreiben die Einwohner unter sich. Auf Deutsch und Französisch wird aber meistens geschrieben, sobald es um offizielle und literarische Texte geht. Fast die Hälfte der Wohnbevölkerung hat übrigens eine ausländische Staatsangehörigkeit, stell dir das

Luxemburg: Von mehrsprachigen Eichhörnchen und betonten Stämmen

mal vor! Das Französische, häufig auch das Englische, dient als Brückensprache zwischen all diesen Bevölkerungsgruppen.«

Horst ist fasziniert. In Luxemburg wohnen nicht einmal eine Million Menschen, doch hat er den Eindruck, dass an jeder Ecke eine andere Sprache gesprochen wird. Wie selbstverständlich wechselt Pit vom Luxemburgischen ins Deutsche, ins Französische und ins Englische, wenn er Bekannte trifft, einen Kaffee bestellt oder Touristinnen den Weg beschreibt.

Besonders spannend findet Horst aber das Luxemburgische selbst: Er kann vieles verstehen, wenn Pit nicht zu schnell spricht. Etliche Wörter sind sehr ähnlich wie im

Deutschen, klingen aber seltsam anders. Andere ähneln französischen Wörtern. Auch sie klingen allerdings anders als in Paris. Und obwohl sich die Sprache insgesamt seltsam vertraut anhört, denkt Horst dabei nicht an einen Hund – weder an einen kleinen noch an einen großen. Komisch.

»Willst du wissen, an welches Tier mich das Luxemburgische erinnert?«, fragt Pit Horst, als könne er Gedanken lesen. Der nickt erfreut. »Eines der Lieblingswörter der Leute in Luxemburg ist *Kaweechelchen*, das heißt ›Eichhörnchen‹. Luxemburgisch ist für mich also wie ein Eichhörnchen, das auf einer luxemburgischen Buche lebt. Auf dem linken Nachbarbaum, sagen wir, eine französische Kastanie, wohnt ein weiteres Eichhörnchen. Und auf dem rechten Nachbarbaum, eine deutsche Eiche, wohnt noch eins. Jedes lebt sein Leben, sie verstehen sich aber gut miteinander und plaudern ab und zu. Die Buche ist noch etwas jünger, aber die Kastanie und die Eiche sind alt und groß und tragen viele Früchte. Das luxemburgische Eichhörnchen isst am liebsten die Bucheckern von seinem Baum. Da der Boden unter ihm aber übersät ist mit Kastanien und Eicheln, frisst es gerne auch mal von diesen Nüssen. Wenn es richtig hungrig ist, ist es ihm manchmal sogar egal, welche Nüsse es frisst – Hauptsache, es wird satt. Während sich sein linker Nachbar also von Kastanien ernährt und sein rechter Nachbar von Eicheln, kombiniert das luxemburgische Eichhörnchen je nach Laune und Bedarf sein Grundnahrungsmittel – die Buchecker – wahlweise mit den Nachbarfrüchten.«

»Wenn ich dich richtig verstehe, sprechen die Luxemburgerinnen und Luxemburger also vor allem Luxemburgisch, bauen aber viel Deutsch und Französisch ein?«

»Bingo!«, freut sich Pit darüber, dass Horst sein Bilderrätsel entschlüsselt hat. »Das Luxemburgische ist im Vergleich mit seinen beiden Nachbarsprachen weniger ausgebaut – weniger ›alt‹ im Bild der Bäume – und daher ist es notwendig, sich von links und rechts zu bedienen. Häufig passen wir die ›geliehenen‹ Wörter aber an die luxemburgische Aussprache an. So wird aus *parapluie*/›Regenschirm‹ ein *Präbbeli* oder aus ›Lebenskünstler‹ wird ein *Liewenskënschtler*.«

Horst kommt ein Gedanke: »Wie machen eigentlich Eichhörnchen?«

»Gar nicht so einfach«, gibt Pit zu. »Also, ich finde, es ist irgendwas zwischen Schnalzen, Küssen und Lachen. Mal mehr das eine, mal mehr das andere«, versucht er das Tiergeräusch zu beschreiben. »Auf jeden Fall klingt es sehr vielseitig und abwechslungsreich. So wie das Luxemburgische eben auch.«

Passt irgendwie, denkt Horst. Aber mit Bellen hat das tatsächlich nichts zu tun, ist er auch ein bisschen enttäuscht. Immerhin müsste die Grundstruktur als ehemaliger deutscher Dialekt doch germanisch sein, oder nicht? Selbst, wenn Luxemburgisch germanische *und* romanische Elemente vereint. Pit beantwortet die Frage folgendermaßen:

»Wenn Deutsch und Englisch Großcousins sind, dann sind Luxemburgisch und Deutsch vielleicht tatsächlich Geschwister. Mit dem Unterschied, dass das luxemburgische Geschwister häufiger in Frankreich im Urlaub war oder Französisch als Leistungskurs hatte. Und vielleicht auch etwas eigensinniger ist und das berechtigte Gefühl hat, zwar ähnlich wie die deutsche Schwester, zugleich aber auch anders zu sein.«

Dann muss Pit ein paar Besorgungen machen und Horst nutzt die Zeit, Konrad seine Eindrücke zu schildern. Kurz darauf schreibt Konrad zurück.

Luxemburg: Von mehrsprachigen Eichhörnchen und betonten Stämmern

Absender: Konrad
Empfänger: Horst
Betreff: Re: Wenn Luxemburgisch und Deutsch Geschwister sind, warum klingt Luxemburgisch dann wie ein Eichhörnchen?

Moien Horst,

ich habe offenbar nicht zu viel versprochen. Die Sprachenvielfalt in Luxemburg ist faszinierend und eine wahre Goldgrube für Menschen mit sprachwissenschaftlichem Interesse.

Das Bild des nüssesammelnden Eichhörnchens passt ganz wunderbar, wie ich finde. Zudem sind ohnehin viele Menschen vor allem in deutschsprachigen Gebieten der Meinung, Luxemburgisch klinge unglaublich süß. Man versteht eine Menge, der Klang ist aber ein ganz anderer. Es ist vertraut und doch so anders. Das hat viel damit zu tun, dass es eben zwischen den beiden großen Kultursprachen Deutsch und Französisch liegt. Verwandt ist es aber tatsächlich vor allem mit dem Deutschen, da hast du recht. Interessant, nicht wahr? Obwohl die Sprachen sich so nah sind, klingt die eine süß, die andere wie ein Schäferhund (zumindest in den Ohren vieler) ...

Sprich doch mal folgenden Satz laut aus – das Ë in *Strëmp* dabei einfach wie ein deutsches Ö und den Rest, ohne groß nachzudenken wie im Deutschen: *Dem Horst säin Hond Strëmp ass richteg brav.*

Sehr schön! Das klang mit Sicherheit ziemlich luxemburgisch. Was der Satz wörtlich heißt, hast du vermutlich längst erkannt: »Dem Horst sein Hund Strumpf ist richtig brav«.

Wie du merkst, sind die Lautsysteme der beiden Sprachen also recht ähnlich, gerade bei den Konsonanten. Es fehlt aber zum Beispiel der Ichlaut, der im Luxemburgischen wie ein SCH klingt, im Beispielsatz also *rischtesch*, und die Kombination PF wie in *»pfeifen«* wird ohne F gesprochen, also *päifen*. Wie im Englischen ist also auch im Luxemburgischen das P in seiner ursprünglichen Form erhalten geblieben. Strumpf heißt auf Luxemburgisch entsprechend *Strëmp*. Du siehst am luxemburgischen Namen deines Hundes auch, dass die Silbenstrukturen ähnlich wie im Deutschen sind. Und deinen Namen spricht man auf Luxemburgisch *Hochst*: alle Konsonanten wie im Deutschen, nur das R vor S wie im Französischen. Auch die Auslautverhärtung gibt es im Luxemburgischen. Da der Knacklaut fehlt, werden die Wörter jedoch häufig wie im Französischen gebunden gesprochen. Auch hier also wieder eine Mischung.

Hoffentlich verstehst du jetzt besser, warum dir Luxemburgisch so bekannt vorkommt, du dabei aber noch lange nicht alles verstehst. Wenn du so willst, ist Luxemburgisch ein germanischer Kreis mit einer Kante aus dem romanischen Sechseck: In der Grundstruktur germanisch, jedoch mit einem starken romanischen (vor allem französischen) Einfluss. Und daher wird das Luxemburgische eben nicht als hartes Bellen empfunden, sondern als etwas zwischen Schnalzen, Küssen und Lachen.

Hör dir jetzt mal die vielen französischen Wörter im Luxemburgischen genauer an. Das führt dich zum letzten, sehr wichtigen Teil, um dein Puzzle der harten, deutschen Aussprache komplett zu machen …

Bis geschwënn (bis bald)
Konrad

Als Pit mit dem Einkauf fertig ist, sind er und Horst mit einer Freundin verabredet. Auf dem Weg zu ihrem Treffpunkt bringt Pit Horst einige luxemburgische Wörter bei. Bei den Begriffen *Trottoir* und *Camion* wird Horst stutzig.

»Eure Wörter für ›Bürgersteig‹ und ›Lastwagen‹ kommen also aus dem Französischen?«

»Stimmt«, erwidert Pit. »Aber auch, wenn es zwar ursprünglich französische Wörter sind, sind sie es für uns schon lange nicht mehr, sondern eben luxemburgische. ›Bürgersteig‹ oder ›Lastwagen‹ würden wir nie sagen, obwohl wir bestimmte deutsche Wörter auch benutzen, wie ›Scheinwerfer‹ oder ›Bildschirm‹.«

»Verstehe«, sagt Horst. »Aber kann es sein, dass du die Wörter *Trottoir* und *Camion* gerade vorne betont hast, anstatt wie im Französischen hinten?«

»Klar«, antwortet Pit überrascht. »Wir benutzen diese Wörter ganz normal in unserer Alltagssprache, daher betonen wir sie auch so wie die meisten anderen luxemburgischen Wörter: vorne.«

Horst ist ein wenig irritiert. »Es gibt auch im Deutschen Wörter aus dem Französischen, wie ›Baguette‹, ›Jargon‹ oder ›Büro‹. Aber wir betonen sie immer hinten, eben wie im Französischen.«

Wie abgesprochen kommt in diesem Moment Amélie um die Ecke, die er mit »Moien Amélie!« begrüßt. Hat sich Horst gerade verhört oder hat Pit selbst den Namen vorne betont?

Auf Nachfrage bestätigt Pit überrascht Horsts Verdacht: »Ich sage auch *JUlie* und *FRANçois* und *JEAN-Paul*. Macht ihr das im Deutschen nicht genauso? Ihr betont die Wörter doch auch auf der ersten Silbe.«

Horst denkt kurz nach, dann antwortet er: »Also, ich sage ›AméLIE‹, ›JuLIE‹, ›FranÇOIS‹ und ›Jean-PAUL‹. Ich betone diese Namen tatsächlich auf der letzten Silbe. Es sind französische Namen und die werden nun mal hinten betont, dachte ich.«

Jetzt ist das Interesse der drei geweckt. Sie setzen sich auf eine Parkbank und suchen nach weiteren Wörtern aus dem Französischen, die im Luxemburgischen auf der ersten Silbe, im Deutschen aber auf der letzten Silbe betont werden, wie schon »Baguette«, »Jargon« und »Büro«. Sie finden richtig viele. Sie sitzen noch eine ganze Weile zusammen und diskutieren und tauschen sich aus über die Unterschiede zwischen den Sprachen, als es für Horst Zeit wird, den Zug zu nehmen. Also verabschieden er und Pit sich von Amélie und sein Freund begleitet Horst zum Bahnhof.

»Das deutsche Eichhörnchen frisst die französischen Kastanien offensichtlich auf eine andere Art als das luxemburgische«, schmunzelt Pit zum Abschied, als Horst schon aus dem Abteilfenster winkt. »Ich bin gespannt, was du darüber herausfindest. Halt mich auf dem Laufenden, ja? Äddi, mein Freund!«

Noch im Zug schreibt Horst gespannt die nächste Mail an Konrad. Der antwortet zum Glück schnell:

Absender: Konrad
Empfänger: Horst
Betreff: Re: Frisst der deutsche Schäfer-
hund lieber BaGUETTE oder BAguette?

Léiwen Horst,

das ist eine sehr interessante – und für deine Forschungsreise auch wichtige! – Frage. Lass uns zuerst
mal ein kleines Experiment machen.

Sprich mal folgende Wörter laut aus:

Chalet
Marie
Croissant
Balkon
Camembert

Was fällt dir auf? Du hast vermutlich alle Wörter auf
der letzten Silbe betont! Und das ist dann auch die Antwort auf deine Frage: Der deutsche Schäferhund frisst
tatsächlich lieber das Original, also das »BaGUETTE«.

Im Deutschen gibt es den sogenannten »Fremdwort-
akzent«. Das bedeutet: Das Deutsche hat die Tendenz,
Wörter aus anderen Sprachen in ihrer Lautgestalt

zu belassen. Diese wird in der Regel nur verändert, wenn darin Laute vorkommen, die das Deutsche nicht kennt. So sagen die meisten Menschen bei uns zum Beispiel nicht »BalKÕ« (die kleine Welle auf dem O markiert, dass der Vokal nasal gesprochen wird), sondern »BalKONG« oder »BalKOHN«. Einfach, weil wir nicht gewohnt sind, die Nasalvokale zu sprechen. Diese werden dann durch deutsche Vokale und N, M oder NG ersetzt – hier also durch ein einfaches O und NG/N. Oder wenn ein Wort schon ziemlich lange im Deutschen existiert, wird es auch langsam an das deutsche Lautsystem angepasst. Wir sprechen in beiden Fällen von »Integration«. Ein weiteres Beispiel ist der schon angesprochene französische *camemBERT*, den viele Deutsche als »KAHmenbert« oder gar als »KAMMbär«

aussprechen. So ist es dir neulich ja selbst in der Kantine ergangen. Hier ist die Betonung des Wortes von der letzten auf die erste Silbe »gewandert«.

Weil im Luxemburgischen der französische Einfluss aber so alt ist, werden eben mittlerweile sogar die originär französischen Namen nach dem luxemburgischen Modell auf der ersten Silbe betont. Ähnlich verhält es sich übrigens im deutschsprachigen Teil der Schweiz, wo es ebenfalls seit vielen Jahrhunderten einen starken französischen Einfluss auf die Sprache gibt und zum Beispiel das Wort *détail* vorne betont wird, also *DEtail*.

Ich finde, man kann sagen, dass das Deutsche bei fremden Wörtern ziemlich großzügig ist, es belässt vieles im Original. In anderen Sprachen werden fast alle Fremdwörter und selbst Namen konsequent integriert. In Frankreich trinkt man statt Baileys zum Beispiel *BeLÄHS* und der frühere deutsche Formel-1-Fahrer Michael Schumacher wird als *MickaEL SchumaCKÄRR* ausgesprochen. Spiderman heißt dort *SpidderMAHN* und Angela Merkel trägt den hübschen Namen *OngeLA MärKÖLL*.

Spannender für uns ist jetzt aber die Frage, warum dir das überhaupt aufgefallen ist. Warum bemerkst du, dass französische Lehnwörter – also Wörter, die aus dem Französischen ins Deutsche übernommen wurden – im Deutschen auf der letzten Silbe betont werden? Ganz einfach: Weil die allermeisten Wörter im Deutschen auf der *ersten* Silbe betont werden. Man spricht auch von »Stammbetonung«, weil der Wortstamm häufig die erste Silbe ist. Bei »reden« und »die Rede« ist der Wortstamm zum Beispiel derselbe: *red*- und wird also in beiden Wörtern betont. Das trifft auf den gesamten sogenannten Erbwortschatz zu, also auf die Wörter, die originär deutschen Ursprungs und keine Fremdwörter sind – und das sind bei weitem die meisten.

Interessanterweise wird die Stammbetonung auch bei fiktiven Wörtern angewendet, wenn sie wie deutsche Wörter aussehen.

Probier es mal aus: Wie würdest du die beiden folgenden Wörter betonen: *Rusel* und *Telken*? Sprich sie laut aus, bevor du weiterliest!

Bestimmt hast du sie automatisch auf der ersten Silbe betont, nicht wahr? Zwar gibt es diese beiden Wörter im Deutschen gar nicht, es *könnte* sie aber von der Struktur her geben. Im Französischen findest du das genaue Gegenstück: Hier werden nahezu alle Wörter

auf der *letzten* Silbe betont. Französinnen und Franzosen würden mit ziemlicher Sicherheit also die beiden fiktiven Wörter als *RuSEL* und *TelKEN* aussprechen. Der Unterschied zwischen den beiden Sprachen ist dir womöglich schon in Paris aufgefallen: Im Französischen wird das Wahrzeichen der Stadt als *tour EiFFEL* ausgesprochen, also auf der letzten Silbe betont. Im Deutschen ist es, wie du weißt, wieder die erste Silbe: »EIffelturm«.

Und jetzt kommt's: Die Stammbetonung verleiht dem Deutschen in Kombination mit weiteren Regeln durch die recht regelmäßige Folge von betonten und unbetonten Silben einen eher zackigen Klang. Schau dir nur mal dieses Beispiel an: »Die WUNdervolle DEUtsche AUSsprache«. Das Französische klingt in der Übersetzung im Vergleich wie eine wogende Welle: *La prononciaTION merveillEUSE du françAIS.*

So hat dir am Ende das Luxemburgische mit seiner Verschmelzung von deutschen und französischen Einflüssen diesen bedeutenden Unterschied beim Klang der Sprachen schön deutlich vor Augen geführt: den Wortakzent. Der liegt im Luxemburgischen wie auch im Deutschen bei den meisten Wörtern auf der Stammsilbe, die in vielen Wörtern die erste Silbe ist. Anders als beim Deutschen sorgt jedoch der starke französische Einfluss auf das Luxemburgische dafür, dass diese kleine Sprache trotzdem nicht mit Bellen, sondern mit Schnalzen und Küssen assoziiert wird.

Hannover liegt auf dem Weg von Luxemburg nach Berlin. Setz doch unterwegs die Teile deines Puzzles zusammen. Ich würde mich freuen, wenn wir das Gesamtbild gemeinsam betrachten!

VIEle GRÜßE
KONrad

Darum

klingt das Deutsche so (schön) hart!

Im Zug zurück nach Deutschland lässt Horst seine klangvolle Reise noch mal Revue passieren. Italienisch singt, Spanisch klackert, Französisch schnurrt, Englisch kläfft, Luxemburgisch schnalzt und küsst – und Deutsch bellt eben. Die meisten Menschen, denen Horst begegnet ist, haben das Bild des harten deutschen Klangs bestätigt. Aber Horst ist trotzdem beruhigt, denn er weiß jetzt, dass das nicht vor allem mit der »Nazi-Vergangenheit« der Deutschen zusammenhängt. Das Deutsche klingt tatsächlich härter als andere Sprachen: Sein Lautsystem hat viele Reibegeräusche. Deutsche Silben sind sehr komplex aufgebaut. Grenzsignale wie der Knacklaut, die Behauchung von P, T und K und die Auslautverhärtung helfen, die einzelnen Wörter gut auseinanderzuhalten. Und die Betonung der deutschen Wörter liegt, mit Ausnahme von bestimmten Fremdwörtern, in der Regel auf der ersten Silbe.

Konrad schrieb, Horst habe jetzt alle Puzzleteile beisammen und er hat auch tatsächlich das Gefühl, sie vor sich ausgebreitet liegen zu sehen und eigentlich loslegen zu können. Aber eine Frage, die ihn seit dem Anfang seiner Reise umtreibt, ist noch unbeantwortet: *Wofür* klingt das Deutsche so hart, wenn diese Härte so wenig charmant zu sein scheint? Irgendeinen Sinn muss das doch haben. Er freut sich, gleich Konrad zu treffen und hofft, dass der Licht ins letzte Dunkel bringen kann.

Horst und Konrad sitzen wieder in dem Café, in dem sie sich vor der Reise getroffen haben.

Darum klingt das Deutsche so (schön) hart!

»Du hast bestimmt bemerkt, wie sehr es einen beruhigt und dabei hilft, sich nicht angegriffen zu fühlen, eine Meinung mit Fakten zu stützen oder zu widerlegen«, beginnt Konrad das

Gespräch. »Dank deiner Forschungsreise weißt du jetzt, dass es viele sprachliche Gründe gibt, die zum Eindruck der deutschen Aussprache beitragen. Und du hast nicht nur gemerkt, wie unterschiedlich Sprachen klingen können, sondern auch festgestellt, worin diese Unterschiede genau bestehen.

Für mich ist jede einzelne Sprache übrigens wie ein ganzes Orchester. Die Instrumente sind die Einzellaute. Davon hast du im Deutschen die Reibelaute beziehungsweise Reibegeräusche kennengelernt, etwa das S, F oder CH. Dies sind die Holzbläser, wie Oboe, Klarinette oder Fagott. Das Deutsche hat davon eine ganze Menge im Ensemble. Die Plosive, also P, T und K, aber auch B, D und G, sind die Blechbläser: Trompete, Posaune und Tuba. Der Knacklaut könnte ein Triangel sein: unscheinbar und zugleich sehr wichtig. Nasale und Liquide wie M, N, L oder R sind die Tasteninstrumente, wie Klavier und Akkordeon. Und die Vokale schließlich die Streicher.

Sie tragen den Großteil der Melodie und spielen somit in jeder Sprache die erste Geige. Die Zusammensetzung des Sprachorchesters bestimmt letztlich darüber, wie der klangliche Gesamteindruck einer Sprache ist.

Die Musikerinnen und Musiker müssen natürlich auch wissen, was sie eigentlich spielen sollen. Sie brauchen eine Partitur. Diese gibt ihnen vor, wie die Folge der Noten ist, wie und welche Instrumente kombiniert werden können und sollen – und wie und welche nicht. Die Partitur

Darum klingt das Deutsche so (schön) hart!

sind unsere Silbenstrukturen. Und die unterscheiden sich in jedem Land voneinander: Mal stehen die Streicher im Vordergrund wie im Italienischen, mal sind es die Bläser wie im Deutschen oder Englischen, bei anderen Sprachen wiederum sind die Tasteninstrumente bestimmend.

Zu einer Partitur gehört auch die Vorgabe des Taktes: Ist das Werk im 4/4-Takt oder im 6/8-Takt komponiert? Die Takte teilen die Gesamtmelodie in kleine Portionen und geben das rhythmische Grundgefühl. Während Spanisch und Französisch eher im 6/8-Takt spielen, ist das Deutsche durch die Grenzsignale wie Knacklaut und Auslautverhärtung eher im 4/4-Takt komponiert – eine klare, geregelte Folge und gut verständlich. Und schließlich gibt es für jedes Stück ein Grundtempo, etwa *adagio* (›bequem, behaglich‹) oder *lento* (›langsam, geschmeidig‹). Dies wird unter anderem durch die Betonung der Wörter vorgegeben, die als Rhythmusinstrumente wie Pauke oder Trommel das Orchester vervollständigen. Während Italienisch zum Beispiel als *vicace*, also ›lebhaft, lebendig‹ bezeichnet werden kann, könnte das Grundtempo des Spanischen *presto*, ›sehr schnell, geschwind‹, sein. Das Deutsche befindet sich in dieser Hinsicht wohl im Bereich *moderato*, was ›mäßig bewegt‹ bedeutet. Das kann deine Freundin Clara aber sicherlich noch besser beurteilen als ich.

Nun haben wir das Ensemble zusammen und es weiß auch, was es spielen soll. Eine sehr wichtige Person haben wird aber noch vergessen: den Dirigenten! Das sind

Darum klingt das Deutsche so (schön) hart!

wir, der einzelne spre-
chende Mensch. Wir
führen unser individu-
elles Sprachorchester
durch das Stück – unsere
Redebeiträge und Gespräche.

Wir legen die Nuancen fest und bestimmen unter Einbe-
ziehung der verfügbaren Möglichkeiten, wie die Partitur
gespielt werden soll. Da jedes Gespräch anders ist und
wir damit auch immer unterschiedliche Ziele verfolgen,
interpretieren wir unser Sprachwerk jedes Mal neu. Wir
sind letztlich entscheidend dafür, dass die Zuhörerinnen
und Zuhörer das Stück verstehen und richtig einordnen
können. Ob sie es dann auch noch genießen, steht be-
kanntlich auf einem anderen Blatt.

Ich hoffe, ich konnte dir klarmachen, dass zwei Menschen,
sogar wenn sie *dieselbe* Sprache sprechen, diese Sprache
immer nach ihren Präferenzen und Vorstellungen verwenden. So gesehen sind wir also nicht *nur* die Dirigentinnen
und Dirigenten. Wir sind außerdem die Komponistinnen
und Komponisten unserer Sprache!« Mit leuchtenden
Augen schließt Konrad sein Plädoyer ab und sieht Horst er-
wartungsvoll an. Der nickt nachdenklich, lässt das Gesagte
auf sich wirken und fasst dann noch mal zusammen:

»Okay, jede Sprache hat also verschiedene Instrumente
und Schwerpunkte derselben, Partituren und Takte. Das
leuchtet mir jetzt alles ein. Aber eine Sache begreife ich

noch nicht: Warum hat das Deutsche sich gerade *dieses* Orchester zusammengestellt, wenn es doch in vielen Ohren so hart und daher nicht melodiös wahrgenommen wird?«

Konrad lehnt sich zurück und legt eine Kunstpause ein, um den folgenden Wörtern Nachdruck zu verleihen: »Damit kommen wir zum Kern der Sache. Was hast du bemerkt, als du wieder in Hannover angekommen bist? Immerhin sind deine Ohren jetzt viel geschulter nach den vielen Lauteindrücken auf deiner Reise.«

»Dass ich alles sehr gut verstehen kann. Deutsch klingt ganz sauber und klar«, antwortet Horst überzeugt.

»Ganz genau! Erinnerst du dich daran, was ich über das Spanische geschrieben habe? Das Spanische zählt zu den Silbensprachen. Übrigens genauso wie das Italienische und das Französische. In diesen Sprachen liegt der Fokus auf den Silben, die möglichst einfach aufgebaut sind. Wie hat sich das für dich angehört?«

»Alles floss ineinander über. Ich konnte die Wörter nur schwer unterscheiden«, erinnert sich Horst.

»Exakt. Man beschreibt Silbensprachen als ›sprecherzentriert‹. Sie sind so aufgebaut, dass sie sich besonders leicht sprechen lassen, also wenig artikulatorischen Aufwand benötigen. Was aber ein Vorteil für die Sprechenden ist, ist zugleich ein Nachteil für die Zuhörenden. Man muss die Sprache schon recht gut kennen und beherrschen, um die einzelnen Wörter rauszuhören.

Das Deutsche ist das genaue Gegenteil davon. Deutsch zählt
zu den ›Wortsprachen‹. Hier
steht nicht die Silbe im Fokus,
sondern die durch Silben
gebildeten Wörter. Auch
wenn das Deutsche in den
Ohren vieler wenig melodiös
klingt, erfüllt der lautliche Auf-
bau der deutschen Wörter eine sehr wichtige Funktion:
Sie können besonders gut voneinander isoliert gehört
werden. Deutsch ist ›hörerzentriert‹. Der Nachteil davon
ist aber eben eine ziemlich komplexe und komplizierte
Aussprache.

Kurzum: Silbensprachen wie das Spanische sind also
leicht zu sprechen, aber schwer zu verstehen. Wortsprachen wie das Deutsche sind schwer zu sprechen, aber
leicht zu verstehen. Für die Kommunikation sind letztlich
alle Sprachen gleich funktionsfähig. Keine ist besser oder
schlechter dafür geeignet. Es liegen einfach ganz andere
Strukturen zugrunde. Oder um in der Sprache der Musik
zu bleiben: Silben- und Wortsprachen sind verschiedene
musikalische Gattungen, die aber gleichermaßen unter-
haltsam sind.«

Bei Horst rattert es. Tatsächlich formt sich das Puzzle
nun zu einem sinnvollen ganzen Bild. Wenn man Wörter voneinander abgrenzen möchte, sind Grenzsignale

sehr hilfreich. Und wenn man mit möglichst wenig Kraft sprechen möchte, sind einfache Silben sinnvoll. Klingt plausibel. Doch eine Frage schießt ihm dabei gleich durch den Kopf:

»Wollen Deutsche denn klar und sauber sprechen, Spanier lieber schnell und ohne Kraftaufwand? Hat das mit einer unterschiedlichen Mentalität zu tun?«

»Hierzu gibt es nur Mutmaßungen. Wie Sprache und Mentalitäten zusammenhängen, ist ein wenig erforschtes Gebiet und bietet leider auch viel Raum für Spekulationen und Vorurteile. Du kannst dir die Einteilung in Silben- und Wortsprachen jedenfalls wie eine lange Achse mit zwei Extrempolen vorstellen: Deutsch liegt ganz links, am Extrem der Wortsprachen, Spanisch liegt ganz rechts, am Extrem der Silbensprachen. Jede Sprache lässt sich auf dieser Achse positionieren.

Auch Englisch zählt also zu den Wortsprachen. Unter anderem, weil die Wörter weniger klar abgegrenzt sind als im Deutschen, liegt es aber nicht so weit am linken Ende. Auch Französisch liegt näher an der Mitte als Spanisch oder

Italienisch, was unter anderem mit dem vergleichsweise komplexeren Lautsystem zusammenhängt. Luxemburgisch findet man ziemlich in der Mitte: Die Silbenstrukturen sind immer noch komplex, aber weniger komplex als im Deutschen oder Englischen. Zugleich gibt es weniger Grenzsignale und die Wörter werden häufig gebunden gesprochen.

Dabei gibt es aber auch *innerhalb* der einzelnen Sprachen Abweichungen und Unterschiede, auf der Ebene der Dialekte und anderer Ausprägungen. So ist etwa das Schweizerdeutsche im Gegensatz zum Hochdeutschen silbensprachlich. Und das Spannende am heutigen Hochdeutsch ist auch noch, dass es in seiner Vorstufe – dem Althochdeutschen, das etwa zwischen 500–1050 n. Chr. gesprochen wurde – sogar noch eine Silbensprache war! Erst im Laufe der Jahrhunderte hat es statt der Silbe mehr und mehr das Wort fokussiert und wurde somit zu dem, was es heute ist. Sprachen können sich also auch in ihrer Ausrichtung auf Hörende oder Sprechende weiterentwickeln. Wer weiß, wo das Deutsche sich in 1000 Jahren befindet ...«

Horst ist baff. So hat er das alles noch nie gesehen.

»Ich habe dir neulich gezeigt, dass das Deutsche tatsächlich weltweit als ›hart‹, ›scharf‹ und dergleichen wahrgenommen wird«, fährt Konrad augenzwinkernd fort. »Jetzt ist die Analyse meiner Umfrage abgeschlossen und ich habe mir auch die Einzelnennungen angeschaut. Die zusätzlichen Ergebnisse in der zweiten Wortwolke werden dich bestimmt überraschen. Du siehst, Geschmäcker sind auch bei Sprachen verschieden«, lacht Konrad. »Die Bewertung einer Sprache kann unabhängig vom Lauteindruck oder von Stereotypen sein und hat immer auch mit persönlichen Erfahrungen oder der eigenen Erwartungshaltung zu tun. Es mag schließlich auch nicht jeder Mensch Hunde: Die einen finden sie süß, andere eher nervig. Und wieder andere finden sie schlicht praktisch. Selbst das Bellen empfinden die einen als klangvoll, andere einfach nur als laut oder störend. Es gibt hier kein Richtig und kein Falsch. Und schon gar nicht nur eine Meinung. Ob eine Sprache »hart«, »sexy«, »melodisch« oder gar »poetisch« klingt – diese Entscheidung liegt letztlich bei jedem Einzelnen.«

Wenige Tage später sitzt Horst erneut mit seinen Freunden in einem Biergarten in Berlin. Es gab ein herzliches Willkommen. Gebannt lauschen sie nun seinem Reisebericht und seinen sprachwissenschaftlichen Erklärungen.

»Dann bist du uns also nicht mehr böse, dass wir uns über die deutsche Aussprache lustig gemacht haben?«, fragt Kiran vorsichtig nach.

»Und dass wir Deutsch mit einem Schäferhund verglichen haben?«, ergänzt Marlène kleinlaut.

»Jetzt, wo ich weiß, dass das Stereotyp der harten deutschen Sprache auf der ganzen Welt zu finden ist und aus sprachlicher Sicht viel mehr dran ist, als ich gedacht hätte, kann ich sogar selbst darüber lachen«, antwortet Horst. »Und schließlich habe auch ich auf meiner Reise den anderen Sprachen Stempel aufgedrückt. Die Bilder von Amseln, Hengsten, Katzen, Pudeln und Eichhörnchen reduzieren die klangliche Vielfalt der Einzelsprachen ja auch auf ein stereotypes Bild. Es hilft uns eben, die Welt zu verstehen und zu kategorisieren. Genauso ihre Sprachen.

Übrigens habe ich auch meinen Namen neu lieben gelernt. Selbst wenn er im Deutschen vielleicht etwas altmodisch klingt und in vielen anderen Sprachen für mein Gehör falsch klingt, vereint er viele Vorzüge einer Wortsprache, die Deutsch nun mal ist: klare Grenzsignale und eine komplexe Silbenstruktur. Dazu ein paar schöne Reiblaute.« Er grinst in die Runde und nimmt einen Schluck von seinem Getränk. Dann fügt er hinzu: »Das Gleiche gilt natürlich für Strumpf.« Mit einem Pfiff ruft Horst seinen Hund herbei, der sich vor seinem Herrchen aufstellt.

»Als Hundehalter habe ich außerdem begriffen, dass die Aussprache des Deutschen viele ganz praktische Vorteile hat.«

Horst schaut Strumpf an.

»Sitz!«, sagt Horst sanft, aber bestimmt. Strumpf gehorcht unmittelbar und setzt sich.

»Platz!«, befiehlt Horst weiter. Strumpf legt sich sofort hin.

»Und bleib!« Strumpf legt den Kopf auf dem Boden ab, seufzt und entspannt sich.

Wer weiß, denkt Horst, was passiert wäre, wenn ich meine Ansagen geschnurrt hätte ...

Darum klingt das Deutsche so (schön) hart!

Literaturempfehlungen

Das vorliegende Buch hat das Ziel, wissenschaftliche Inhalte für alle verständlich darzustellen. Hierfür wurden diese möglichst anschaulich aufbereitet. Im Folgenden finden sich für die interessierte Leserschaft weiterführende Literaturangaben, die der Autor in Forschung und Lehre verwendet und die auch einen Teil des Hintergrundwissens für das vorliegende Buch liefern.

Für einen fundierten wissenschaftlichen Eindruck vom deutschen Lautsystem, dem Aufbau der deutschen Silben und von anderen lautlichen Erscheinungen wie der Auslautverhärtung sind folgende Einführungen in die deutsche Aussprache lesenswert:

Becker, Thomas (2011): Einführung in die Phonetik und Phonologie des Deutschen. Darmstadt: Wissenschaftliche Buchgesellschaft.

Noack, Christina (2016): Phonologie. 2., aktualisierte Auflage. Heidelberg: Winter (Kurze Einführungen in die germanistische Linguistik 10).

Wiese, Richard (2011): Phonetik und Phonologie. Paderborn: Wilhelm Fink.

Die Ausspracheregeln des Standardneuhochdeutschen sind nachzulesen im DUDEN 6:

Dudenredaktion (2015): Duden – Das Aussprachewörterbuch. Betonung und Aussprache von über 132.000 Wörtern und Namen. 7., komplett überarbeitete und aktualisierte Auflage. Berlin: Duden (Duden 1–12).

Die persönlichen »Bibeln« des Autors für die Bereiche Phonologie (Lautsysteme und der lautliche Aufbau der Sprachen) und Phonetik (Artikulation, Akustik und Wahrnehmung von Lauten) sind:

Hall, T. Allan (2011): Phonologie. Eine Einführung. 2., überarbeitete Auflage. Berlin/New York: De Gruyter.

Pompino-Marschall, Bernd (2009): Einführung in die Phonetik. 3., durchgesehene Auflage. Berlin/New York: de Gruyter.

Eine Beschreibung aller sprachlichen Laute weltweit bietet:

Ladefoged, Peter/Maddieson, Ian (1995): The Sounds of the World's Languages. Oxford: Wiley-Blackwell.

Sehr präzise – und auch sehr wissenschaftliche – Beschreibungen der Einzelsprachen auf lautlicher Ebene (darunter Italienisch, Spanisch, Französisch, Englisch und Luxemburgisch) finden sich in den Artikeln der ‚International Phonetic Association' unter:

www.internationalphoneticassociation.org

Ein Überblick über die Einteilung in Silben- und Wortsprachen sowie über den wissenschaftlichen Hintergrund dieser Theorie bietet der Sammelband:

Reina, Javier Caro/Szczepaniak, Renata (2014): Syllable and Word languages. Berlin/Boston: De Gruyter (Linguae & Litterae 40).

Zur Entwicklung des Deutschen von einer Silben- zu einer Wortsprache zu empfehlen ist:

Szczepaniak, Renata (2007): Der phonologisch-typologische Wandel des Deutschen von einer Silben- zu einer Wortsprache. Berlin/New York: De Gruyter (Studia Linguistica Germanica 85).

Auch Ende des 19. Jahrhunderts hatte das Deutsche nicht nur Freunde. Mark Twain beschäftigt sich augenzwinkernd in einem Reisebericht mit Deutschland und dessen Sprache (die Aussprache spielt dabei nur eine kleine Rolle):

Twain, Mark (2019): Germany and the Awful German Language. Deutschland und die schreckliche deutsche Sprache. dtv: München.

Der Autor forscht aktuell an der Leibniz Universität Hannover über Wahrheit und Fiktion des Mythos des »besten/reinsten« Hochdeutsch in Hannover. Informationen hierzu finden sich unter

www.stadtsprache-hannover.de

Dank

Johanna »Schlogger« Baumann für die wunderbaren Illustrationen – nur im Zusammenspiel zwischen Text und Bild wurde das Buch, was es ist. Dr. Laura Neuhaus und dem ganzen Team des Dudenverlags für die hervorragende Betreuung und die Bereitschaft, Aussprache zu Papier zu bringen. Nina Schnackenbeck fürs gründliche Lektorat. Julia Offe und ihrem Team von scienceslam.de für die regelmäßige und tolle Organisation von Science Slams in ganz Deutschland. Ohne die Möglichkeit, die Inhalte dort auszuprobieren, wäre das Buch nicht entstanden. Der Science Slam über die Phonetik von Katharina Minz hat für zusätzliche Motivation gesorgt, die Science-Slam-Bühne aktiv zu betreten. Für die (auch kritische) Lektüre diverser Vorgängertexte danke ich Christine Kayser, Dr. Diemut Regel, Jean-Paul Conrad, Julie Conrad, Mareike Schlote, Nils Gelker, Söhnke Post und Sonja Thöneböhn. Für seinen wiederholten Einsatz in dieser Hinsicht und seine vielen inhaltlichen Anregungen danke ich Andreas Klatt. Der Großteil dieses Buches ist im August 2020 im Biohotel Spöktal in der Lüneburger Heide entstanden. Diesem paradiesischen Ort danke ich für das optimale Schreibumfeld.

Autor

Dr. François Conrad ist Sprachwissenschaftler an der Leibniz Universität in Hannover. Er ist im mehrsprachigen Luxemburg aufgewachsen und seit seinem Studium in Bamberg, Prag und Luxemburg von der menschlichen Aussprache fasziniert. Mit seinem Science Slam »Warum klingt das Deutsche so schön (hart)?« wurde er 2019 unter anderem Norddeutscher Science Slam Meister und Deutscher Vize-Meister. Aktuell stellt er in einem Forschungsprojekt den Mythos um das »beste« Hochdeutsch in Hannover auf die Probe. Weitere Informationen zum Autor unter www.francoisconrad.com.

Bibliografische Information der Deutschen Nationalbibliothek
Die Deutsche Nationalbibliothek verzeichnet diese Publikation in der
Deutschen Nationalbibliografie; detaillierte bibliografische Daten sind
im Internet über http://dnb.dnb.de abrufbar.

Bibliographisches Institut GmbH, Mecklenburgische Straße 53,
14197 Berlin

Redaktion Dr. Laura Neuhaus
Herstellung Maike Häßler
Layout und Satz Burga Fillery, Berlin
Illustration Johanna Baumann
Lektorat Nina Schnackenbeck
Umschlaggestaltung 2issue, München
Druck und Bindung
AZ Druck und Datentechnik GmbH,
Heisinger Straße 16, 87437 Kempten

Printed in Germany
ISBN 978-3-411-71998-3
www.duden.de

PEFC zertifiziert
Dieses Produkt stammt aus nachhaltig
bewirtschafteten Wäldern und kontrollierten
Quellen.

www.pefc.de
PEFC/04-31-2260